단숨에 켠다.

단기 특강
영어독해 어법편

KB190394

단숨에 켠다.

단기 특강

영어독해 어법편

Structure

단기에 마스터하는 영어 핵심 어법

이 책은 단순한 영어 어법 학습서가 아닙니다. 문제집도 아닙니다. 이 책은 수능 시험을 1, 2년 앞둔 예비 수험생 여러분이 꼭 알아야 할 핵심 어법을 단기간에 마스터할 수 있도록 최적화된 수능 어법 워크북입니다. 어법 문제 해결과 영문 독해에 반드시 필요한 핵심 포인트 90개를 엄선하였고, 여러분이 이것을 단기에 마스터할 수 있도록 구성하였습니다. 이 책을 시작한지 한 달이 지나면, 여러분은 수능 영어의 어떤 기출 문제나 연계 교재를 마주 해도 두렵지 않은 자신감을 얻게 될 것입니다.

외우지 않고 생각하는 어법 공부의 새 지평

이 책은 여러분에게 영어 어법에 관한 그 어떤 것도 무턱대고 외우라고 강요하지 않습니다. 어법이란 문장을 구성하는 기본 원리입니다. 원리는 이해하면 그만이지 억지로 외울 일이 어디 있겠습니까? 이 책은 세세한 규칙이나 예외 현상의 암기보다는 원리 이해에 필요한 직관과 상식을 더 중시합니다. 각 어법 포인트에 대한 쉽고 짤막한 설명을 예문과 대조하여 읽다 보면, 지루하고 어렵기만 하던 어법이 여러분에게 이야기처럼 쉽고 재미있게 다가올 것입니다.

어법은 과학이다!

여러분은 이제 기억 속의 어법 규칙이나 예외 현상 목록에 의존하여 기계적으로 문제를 해결할 필요가 없습니다. 왜냐하면 이 책이 여러분을 영어 어법의 과학자로 만들어줄 것이기 때문입니다. 즉 여러분은 영어 어법을 관통하는 포괄적인 원리를 체득하여, 관찰, 적용, 해결이라는 3단계 프로세스를 통해 과학적으로 문제 해결을 할 수 있는 능력을 기르게 될 것입니다. 이를 위해 이 책은 장황한 어법 설명을 지양하고, 대신 도해와 부호 사용을 통한 직관적 분석을 극대화합니다.

수능 어법으로 내신까지 대비

이 책에서는 그동안 출제된 수능과 모의평가 영어 어법 문항의 평가 항목을 다루고 있습니다. 이 항목들은 90개의 필수 학습 항목을 선정할 때, 연습 문제를 구성할 때, 기출 문제를 선정할 때, 해설을 할 때 모두 고려되었습니다. 출제된 평가 항목의 특징은 그 어떤 것도 특정 규칙이나 예외 현상의 암기를 요구하지 않는다는 것입니다. 즉 문장을 구성하는 원리에 따라 각 구성 요소의 역할을 이해하면 해결할 수 있는 문제가 주로 출제됩니다. 이 책에는 수능의 이런 경향을 반영하면서 내신까지 대비할 수 있도록 도움을 주고자 합니다.

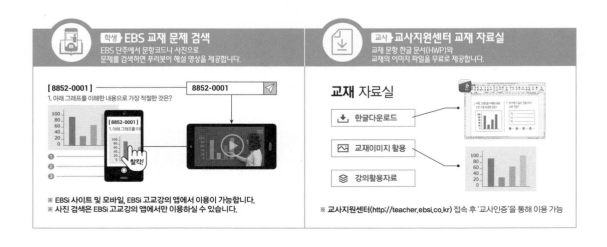

1 Daily 어법 설명

- 필수 어법 항목 총 90개를 엄선
- 하루에 6항목씩 총 15일 간 제시
- 도해와 부호를 활용한 어법 서술
- 원리 터득에 초점을 맞춘 직관적 설명
- 최대한 짧고 쉬운 예문 제시

2 확인 테스트

- 문제 해결을 통한 핵심 어법의 체화
- 그날 익힌 항목만을 집중 테스트
- 최신 효과와 강화를 겨냥한 항목 구성
- 다양한 소재의 글감으로 흥미 유지
- 난이도 조정을 통한 지속적 동기 유발

3 경향과 대책

- 총 6개의 파트를 마감하는 날마다 제공
- 기출 문제의 최신 유형 소개
- 관찰, 적용, 해결의 3단계 프로세스 확립
- 지난 10년간 기출 문제 출제경향 분석
- 출제경향에 맞춘 어법 학습대책 제시

4 실전 테스트

- 3회에 걸친 어법 유형의 종합 테스트
- 학습한 내용의 총정리용 심화 연습
- 여러 분야의 글감에서 다채롭게 출제
- 출제 빈도가 높은 평가 항목 우선 반영
- 출제가 예상되는 평가 항목 중점 포함

5 정답과 해설

- 본문 연습문제의 정답, 해석, 해설 제공
- 자기주도 학습이 가능하도록 쉽게 해설
- 과도한 문법 용어 대신 직관적인 설명
- 관찰, 적용, 해결의 3단 프로세스 중시
- 정확하고 자연스러운 우리말 해석 제공

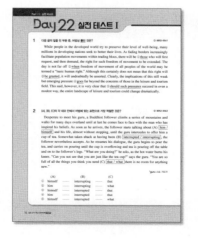

Contents

Day 1 주어와 술어

Point 1 문장 = 주어 + 술어

문장은 크게 주어와 술어로 이루어진다. 주어가 문장의 주인공이라면, **술어**는 그 주인공에 대해 설명하는 해설자이다. 다시 말해, 주어는 문장의 화제 거리를 나타내는 요소이고, 술어는 주어의 동작이나 상태를 나타내는 요소이다.

❶ [The movie director] / [drew a line under my name].
　　　　주어　　　　　　　　　　술어
❷ [The actors] / [remained silent].
　　주어　　　　　　술어

❶ 술어 ➡ 동작을 나타내는 요소
　주어 ➡ 동작의 행위자
❷ 술어 ➡ 상태를 나타내는 요소
　주어 ➡ 상태의 경험자

❶ 그 영화감독은 내 이름 밑에 밑줄을 그었다.
❷ 배우들은 침묵을 지키고 있었다.

Point 2 구 형태의 주어

가장 흔하게 사용되는 주어의 형태는 명사구이다. **명사구**는 꼭 필요한 핵심 요소인 명사와 그 명사를 앞뒤에서 수식하는 어구들로 이루어진다. 명사구 외에, 동명사구(☞ Day 11 참조)나 to부정사구(☞ Day 10 참조) 형태도 흔히 주어로 사용된다.

❶ [The young puppy] chased its tail.
❷ [Studying online] is very convenient.
❸ [To worry about the future too much] is a waste of time.

❶ 명사구 ➡ [한정사 + 수식어 + 명사]
❷ 동명사구 ➡ [동명사 + 목적어]
❸ to부정사구 ➡ [to + 동사구]

❶ 그 어린 강아지는 자기 꼬리를 잡으려고 하였다.
❷ 온라인 학습은 매우 편리하다.
❸ 미래에 대해 지나치게 걱정을 하는 것은 시간 낭비다.

Point 3 절 형태의 주어

구 형태만큼 흔하지는 않지만, 접속사나 의문사가 이끄는 절의 형태도 자주 주어로 사용된다.

❶ [That {we were late to class}] really upset the teacher.
　　접속사
❷ [Whether {you leave or stay}] can make a big difference.
　　접속사
❸ [Where {you come from}] is not important to me.
　　의문사

❶ [That + {절}] ➡ 주어
❷ [Whether + {절}] ➡ 주어
❸ [Where + {절}] ➡ 주어

❶ 우리가 수업에 늦은 것이 선생님을 정말로 화나시게 했다.
❷ 네가 떠날지 아니면 남을지는 큰 차이를 만들 수 있다.
❸ 네가 어디 출신인지는 내게 중요하지 않다.

Point 4 술어 = 동사 + 다른 요소

주어에 대해 설명하는 일을 하는 술어는 핵심 요소인 동사와 그 밖의 다른 요소들로 이루어진다. **동사**란 동작이나 상태를 나타내는 요소이고, **다른 요소**란 목적어, 보어, 또는 수식어구 등의 요소를 가리킨다.

❶ The young musician [**created a new kind of music**].
　　　　　　　　　　　　　동사　　　　　　　목적어

❷ The weather [**became warmer**].
　　　　　　　　　동사　　　보어

❸ The visitor [**sneezed on the food**].
　　　　　　　　　동사　　　수식어구

❶ 술어 ➡ [동사 + 목적어]
❷ 술어 ➡ [동사 + 보어]
❸ 술어 ➡ [동사 + 수식어구]

❶ 그 젊은 음악가는 새로운 종류의 음악을 창조했다.
❷ 날씨는 더 따뜻해졌다.
❸ 그 손님은 음식 위에 재채기를 했다.

Point 5 술어동사의 시제 표시

술어의 핵심 요소인 동사에는 시간 관계를 나타내는 **시제**(현재 또는 과거)가 반드시 표시되어야 한다. 예를 들어, 시간 관계가 과거이면 동사 끝에 -ed가 반드시 표시되어야 하며, 그렇지 않으면 문법에 어긋난다.

❶ Diane **studied** law at Harvard University.　　　(O)
❷ Diane **study** law at Harvard University.　　　(X)
❸ Diane **studying** law at Harvard University.　　(X)
❹ Diane **to study** law at Harvard University.　　(X)

❶ 동사의 기본형 + 시제(과거) ➡ O
❷ 동사의 기본형 + Ø　　　➡ X
❸ 동사의 기본형 + -ing　　➡ X
❹ to + 동사의 기본형　　　➡ X

❶ Diane은 하버드 대학교에서 법학을 공부했다.
❷ – ❹ 의도: Diane은 하버드 대학교에서 법학을 공부했다.

Point 6 주어와 술어동사 간 수의 일치

주어와 술어동사 사이에는 수의 일치가 이루어져야 한다. 예를 들어, 주어가 명사구일 때, 이 명사구의 핵심 요소인 명사가 단수 형태이면 술어동사도 반드시 **단수** 형태여야 한다. 반대로, 명사가 복수 형태이면 술어동사도 반드시 **복수** 형태여야 한다.

❶ [The woman {with all the dogs}] walks down my street.
　　　　　└──── 수일치(단수 ↔ 단수) ────┘

❷ [The students {who went to the concert}] were excited.
　　　　　└──── 수일치(복수 ↔ 복수) ────┘

❸ [Learning a foreign language] is easier at a young age.
　　└──── 수일치(단수 ↔ 단수) ────┘

❶ 명사구 ➡ [한정사 +단수 명사 + 수식어구]
❷ 명사구 ➡ [한정사 + 복수 명사 + 수식어구]
❸ 동명사구 ➡ 동명사는 셀 수 없으므로 단수 취급

❶ 그 모든 개들을 데리고 있는 여자는 내가 사는 거리를 산책한다.
❷ 음악회에 간 학생들은 흥이 났다.
❸ 외국어를 배우는 것은 나이가 어릴 때 더 쉽다.

1 다음 글의 밑줄 친 부분 중, 어법상 틀린 것은? 🔊 8852-0001

Aso oke cloth is an intricately woven cloth used for ceremonial dress. It is made by the Yoruba men of Nigeria. The cloth is decorated with elaborate patterns made from dyed strands of fabric that are woven into strips of cloth. These strips of cloth ①<u>are</u> sewn together to form larger pieces. Some Aso oke cloth, called "prestige cloth," ②<u>has</u> a lace-like appearance with intricate open patterns. Patterns and colors used for Aso oke cloth ③<u>have</u> special meanings. A purplish-red colored dye called *allure* is prized among the Yoruba. Some designs are specifically for women's clothing and some are for men's. The cloth is used to make numerous clothing styles, including skirts, shirts, and trousers. Many of the clothes made from Aso oke cloth ④<u>reflects</u> the strong influence of the Muslim religion in the area, with headwraps and modest gowns being prevalent. The amount of fabric and the patterns used ⑤<u>indicate</u> the wealth of the wearer.

*purplish-red 자홍(紫紅)색의

Words & Expressions

intricately 복잡하게
weave (옷감을) 짜다
ceremonial dress 예복
decorate 장식하다
elaborate 정교한
pattern 무늬
dyed 물들인
strand 가닥
fabric 천, 직물
strip 가느다란 조각
sew 꿰매다
prestige 위신, 명망
numerous 수많은
reflect 반영하다
headwrap 머리 덮개
modest 수수한
prevalent 널리 퍼져 있는
indicate 나타내다

Tutor You

■ 2행 : The cloth is decorated with elaborate patterns **[made from dyed strands of fabric {that are woven into strips of cloth}]**.

{ }로 표시된 부분 ➡ dyed strands of fabric을 수식 (해석: 짜서[엮어서] 천 조각이 되는)

[ ]로 표시된 부분 ➡ elaborate patterns를 수식 (해석: ~이 되는 염색실로 만들어진)

■ 10행 : The cloth is used **[to make numerous clothing styles, {including skirts, shirts, and trousers}]**.

{ }로 표시된 부분 ➡ numerous clothing styles를 부가적으로 수식 (해석: 치마, 셔츠, 바지를 포함한)

[ ]로 표시된 부분 ➡ 목적을 나타냄 (해석: ~ 포함한 수많은 의복 스타일을 만드는 데)

2 (A), (B), (C)의 각 네모 안에서 어법에 맞는 표현으로 가장 적절한 것은? ◐ 8852-0002

정답과 해설 2쪽

Today voice and music are usually recorded and stored digitally. To do this, electrical signals coming from the microphone (A) are / is sampled several thousand times per second. The measured values are then coded and stored for later processing on
5 a computer. Music can be stored in the form of MP3 files on a computer's hard drive or other storage medium. The huge volume of data is reduced using various techniques. For example, only the components of the recording that humans can actually hear (B) are / is stored. The compact disc (CD), on the other hand, is
10 an optical storage medium. It consists of a plastic disc with a layer of aluminum and a transparent coating. The digitized sound signal (C) is / to be stored in a series of tiny indentations in the aluminum layer. Playback devices use the beam of a semiconductor laser to read the data from the disc. The original electrical signal
15 can then be transformed back into sound by speakers.

	(A)		(B)		(C)
①	are	……	is	……	is
②	are	……	are	……	is
③	is	……	are	……	is
④	are	……	are	……	to be
⑤	is	……	is	……	to be

Words & Expressions

store 저장하다
electrical signal 전기 신호
microphone 마이크
sample 샘플 녹음하다
measured value 측정값
code 부호로 처리하다
processing 처리
medium 매체
huge 막대한
reduce 줄이다
component 요소, 부분
optical storage 영상 저장
layer 층, 겹
transparent 투명한
indentation 자국
playback 재생
beam 빛
semiconductor 반도체
transform 변형시키다

Tutor You

■ 6행 : The huge volume of data is reduced **[using various techniques].**
  [ ]로 표시된 부분 ➡ 수단을 나타냄 (해석: 다양한 기술을 사용하여)

■ 10행 : It consists of **[a plastic disc {with a layer of aluminum}]** and **[a transparent coating].**
  { }로 표시된 부분 ➡ a plastic disc를 수식 (해석: 알루미늄 층으로 된)
  [ ]로 표시된 부분 ➡ consists of [ ] and [ ] (해석: [ ]와 [ ]로 이루어진다)

Day 2 목적어

Point 1 동사와 목적어

동사는 술어의 핵심 요소로서, 동작이나 상태를 나타낸다. 어떤 동사는 자신의 의미나 성질에 따라 다른 요소를 반드시 필요로 한다. 그 다른 요소 중 하나가 바로 목적어인데, **목적어**는 동작의 대상을 나타내는 말이다.

> ❶ Jeff [**drives a green sports car**].
>   　　　　　　동사　　　　　　　목적어
> ❷ The earthquake [**destroyed much of the city**].
>   　　　　　　　　　　　동사　　　　　　　목적어

❶ a green sports car ➡ drives라는 동작의 대상
❷ much of the city ➡ destroyed라는 동작의 대상

❶ Jeff는 초록색 스포츠 카를 몬다.
❷ 지진이 그 도시의 많은 부분을 파괴했다.

Point 2 직접목적어와 간접목적어

give나 send와 같은 동사는 두 개의 목적어를 필요로 하는데, 동작의 대상을 나타내는 목적어를 **직접목적어**라 하고 그 직접목적어를 받는 수혜자를 **간접목적어**라고 한다. 직접목적어는 '~을'로, 간접목적어는 '~에게'로 해석한다. 하지만 대부분의 동사는 목적어를 하나만 필요로 하고, '목적어'라고 하면 대개 직접목적어를 가리킨다.

■ 두 개의 목적어가 필요한 동사: ask, give, hand, offer, order, promise, send, tell 등

> ❶ Aunt Jo gave [**her nephew**] [**a telescope**].
>   　　　　　　　　간접목적어　　　　직접목적어
> ❷ The manager sent [**his secretary**] [**a letter of apology**].
>   　　　　　　　　　　　간접목적어　　　　　　직접목적어

❶ her nephew ➡ 망원경을 받은 수혜자
　a telescope ➡ gave라는 동작의 대상
❷ his secretary ➡ 사과문을 받은 수혜자
　a letter of apology ➡ sent라는 동작의 대상

❶ Jo 이모는 자기 조카에게 망원경을 주었다.
❷ 관리자는 자기 비서에게 사과문을 보냈다.

Point 3 명사구 형태의 목적어

동사의 목적어로 사용될 수 있는 어구는 명사구, 동명사구, to부정사구, 명사절 등이다. 이 중 가장 흔히 사용되는 어구는 명사구이다. 명사구는 명사를 핵심 요소로 하여, 그 명사 앞뒤에 수식어구가 나타날 수 있는 형태이다. 고유명사나 대명사도 명사구로 간주된다.

> ❶ Miles Davis created [**a new kind of music**].
>   　　　　　　　　　　　　명사구
> ❷ Theodore Roosevelt married [**Alice Hathaway Lee**] in 1880.
>   　　　　　　　　　　　　　　　명사구
> ❸ Those are my gloves, and I really like [**them**].
>   　　　　　　　　　　　　　　　　명사구

❶ 명사구 ➡ created의 목적어
❷ 고유명사 ➡ married의 목적어
❸ 대명사 ➡ like의 목적어

❶ Miles Davis는 새로운 유형의 음악을 창조했다.
❷ Theodore Roosevelt는 1880년에 Alice Hathaway Lee와 결혼했다.
❸ 저것은 내 장갑인데, 나는 그것이 정말 마음에 든다.

Point 4 동명사구 형태의 목적어

어떤 동사는 동명사구를 목적어로 삼는다. 동명사구는 동사구의 핵심 요소인 동사 끝에 -ing가 더해진 형태이다(☞ Day 11 참조). 동명사구를 목적어로 취하는 대표적인 동사는 admit, avoid, consider, enjoy, finish, imagine, mind, practice, stop, suggest 등이다. 또한 전치사도 동명사구를 목적어로 취할 수 있다.

❶ Karen **admitted** [<u>making</u> **a mistake**].
　　　　　　　　　　동명사구
❷ Larry **suggested** [<u>meeting</u> **for a movie after work**].
　　　　　　　　　　　　동명사구
❸ Rita is excited **about** [<u>leaving</u> **for Mexico**].
　　　　　　　　　　　　동명사구

❶ 동명사구 ➡ 동사 admitted의 목적어
❷ 동명사구 ➡ 동사 suggested의 목적어
❸ 동명사구 ➡ 전치사 about의 목적어

❶ Karen은 (자기가) 실수한 것을 인정했다.　❷ Larry는 퇴근 후 영화를 보게 만나자고 했다.
❸ Rita는 멕시코로 떠나는 것에 들떠 있다.

Point 5 to부정사구 형태의 목적어

어떤 동사는 to부정사구를 목적어로 삼는다. to부정사구의 형태는 「to + 동사구」이다(☞ Day 10 참조). to부정사구를 목적어로 취하는 대표적인 동사는 agree, choose, decide, expect, fail, hope, intend, learn, manage, offer, plan, promise, refuse 등이다. 한편 전치사는 to부정사구를 목적어로 취하지 못한다.

❶ Fred **chose** [<u>to learn</u> **Spanish rather than German**].
　　　　　　　　　　to부정사구
❷ The accused **refused** [<u>to answer</u> **any questions**].
　　　　　　　　　　　to부정사구

❶ to부정사구 ➡ 동사 chose의 목적어
❷ to부정사구 ➡ 동사 refused의 목적어

❶ Fred는 독일어 대신 스페인어를 배우기로 선택했다.　❷ 피고인은 어떤 심문에도 대답하기를 거부했다.

Point 6 절 형태의 목적어

어떤 동사는 절을 목적어로 취하는데, 동사의 목적어가 되는 절을 **명사절**이라고 한다. 이러한 명사절에는 that절(「that + 절」), whether절(「whether + 절」), 의문절(「의문사 + 절」) 등이 있고, 동사의 의미나 성질에 따라 이 중 하나가 목적어로 선택된다. 전치사는 이 중 whether절과 의문절을 목적어로 취할 수 있다.

❶ We **agreed** [<u>that</u> **elections would be held in May**].
　　　　　　　　　that절
❷ Sandy **asked** me [<u>whether</u> **I needed any help**].
　　　　　　　　　　whether절
❸ I **wonder** [<u>what</u> **Gail will say when she finds out my age**].
　　　　　　　　　　의문절
❹ They had a suggestion **as to** [<u>how</u> **the service could be improved**].
　　　　　　　　　　　　　　의문절

❶ that절 ➡ 동사 agreed의 목적어
❷ whether절 ➡ 동사 asked의 직접목적어
❸ 의문절 ➡ 동사 wonder의 목적어
❹ 의문절 ➡ 전치사 as to의 목적어

❶ 우리는 선거가 5월에 열리는 것으로 합의했다.　❷ Sandy는 내게 어떤 도움이라도 필요한지 물었다.
❸ 나는 Gail이 내 나이를 알게 되면 무슨 말을 할지 궁금하다.
❹ 그들은 어떻게 서비스가 향상될 수 있는지에 관해 제안을 했다.

1 다음 글의 밑줄 친 부분 중, 어법상 틀린 것은?　　⊙ 8852-0003

The boy's name was Santiago. Dusk was falling as the boy arrived with his herd at an abandoned church. The roof had fallen in long ago, and an enormous sycamore had grown on the spot where the sacristy had once stood. He decided ①to spend the night there. He saw to it ②that all the sheep entered through the ruined gate. And then he laid some planks across it to prevent the flock from ③wandering away during the night. There were no wolves in the region, but once an animal had strayed during the night, and the boy had to spend the entire next day searching for it. He swept the floor with his jacket and lay down, using the book he had just finished ④reading as a pillow. He told himself ⑤what he would have to start reading thicker books: they lasted longer, and made more comfortable pillows.

*sycamore 플라타너스　**sacristy (교회의) 성구(聖具) 보관실

Words & Expressions

dusk 황혼
herd (짐승의) 떼
abandoned 버려진
enormous 거대한
see to it that절 반드시
～하도록 (조처)하다
ruined 폐허가 된
plank 널빤지
flock (양) 떼
stray 벗어나다
sweep 쓸다
pillow 베개

Tutor You

■ 3행 : ~, and an enormous sycamore had grown on the spot [**where the sacristy had once stood**].
　[　]로 표시된 부분 ➡ the spot을 수식 (해석: 전에 성구 보관실이 있었던)

■ 8행 : ~, and the boy had to spend the entire next day [**searching for it**].
　[　]로 표시된 부분 ➡ 앞 절에 부수적 정보를 더해줌 (해석: 그것을 찾으면서)

2 (A), (B), (C)의 각 네모 안에서 어법에 맞는 표현으로 가장 적절한 것은? ● 8852-0004

Words & Expressions

occur 발생하다
infant 유아, 젖먹이
resolve 해결하다
define 규정하다
originate 비롯되다
gradually 서서히
differentiated 차별화된
cognitive 인지의
researcher 연구원
avoid 피하다
behavior 행위
inference 추론
subjective 주관적인
distinguish 구분하다
evident 명백한
describe 말하다, 서술하다

The question of when humor first occurs in infants may be impossible to resolve, since it depends in part on (A) how / what one defines humor. Perhaps the most we can say is that humor originates in play and gradually becomes differentiated from other
5 forms of play as the child's cognitive abilities develop. Most researchers today seem to avoid the question of when humor begins in children, focusing on overt behaviors like smiling and laughter and avoiding (B) making / to make inferences about subjective cognitive experiences such as humor. Nonetheless,
10 most would agree that by the end of their second year, children are able to distinguish between humor and other forms of play. This also becomes more evident as children's developing language skills enable them to describe certain events as "funny" or "silly," in addition to (C) laugh / laughing at them.

*overt 명시적인, 공공연한

	(A)		(B)		(C)
①	what	……	making	……	laugh
②	how	……	making	……	laughing
③	how	……	to make	……	laughing
④	how	……	making	……	laugh
⑤	what	……	to make	……	laughing

Tutor You

■ 3행 : Perhaps **[the most {we can say}]** is that ~.
　{ }로 표시된 부분 ➡ the most를 수식 (해석: 우리가 말할 수 있는)
　[ ]로 표시된 부분 ➡ 문장의 주어 (해석: ~ 수 있는 최상의 것은)

■ 10행 : ~, most would agree **[that by the end of their second year, ~]**.
　[ ]로 표시된 부분 ➡ agree의 목적어 역할 (해석: 두 살이 끝날 때쯤 되면 ~이라는 것을)

Day 3 보어

Point 1 동사와 보어

어떤 동사가 자신의 의미나 성질에 따라 목적어를 반드시 필요로 하는 것처럼, 또 어떤 동사는 보어라는 요소를 반드시 필요로 한다. **보어**는 동사 혼자서는 동작이나 상태를 제대로 나타낼 수 없는 be동사나 consider와 같은 동사를 보완하여 문장의 주어나 목적어의 특성에 대해 설명하는 말이다.

> ❶ Larry **is** [**very happy**].
>   보어
> ❷ The weather **became** [**warmer**].
>   보어
> ❸ My dog **considers** me [**a friend**].
>   보어

❶ Larry는 매우 행복하다.
❷ 날씨가 더 따뜻해졌다.
❸ 우리 개는 나를 친구로 생각한다.

❶ very happy ➡ 동사 is 보완, 주어 Larry에 대해 설명
❷ warmer ➡ 동사 became 보완, 주어 The weather에 대해 설명
❸ a friend ➡ 동사 considers 보완, 목적어 me에 대해 설명

Point 2 주격 보어

혼자서는 동작이나 상태를 제대로 나타낼 수 없는 동사를 보완하여 주어의 특성에 대해 설명하는 문장 요소를 **주격 보어**라고 한다. 이와 같은 주격 보어를 필요로 하는 대표적인 동사는 be동사와 become이고, 그 외에 동사 appear, feel, look, remain, seem, smell, sound, taste 등도 주격 보어를 필요로 한다.

> ❶ Roger **appeared** [**very upset**].
>   주격 보어
> ❷ The actors **remained** [**good friends**].
>   주격 보어

❶ Roger는 매우 화가 나 보였다.
❷ 그 배우들은 여전히[계속] 좋은 친구들이었다.

❶ very upset ➡ 동사 appeared 보완, 주어 Roger에 대해 설명
❷ good friends ➡ 동사 remained 보완, 주어 The actors에 대해 설명

Point 3 목적격 보어

혼자서는 동작이나 상태를 제대로 나타낼 수 없는 동사를 보완하여 목적어의 특성에 대해 설명하는 문장 요소를 **목적격 보어**라고 한다. 이와 같은 목적격 보어를 필요로 하는 대표적인 동사에는 call, consider, find, keep, make, think 등이 있다.

> ❶ Julie **found** the work [**very dull**].
>   목적격 보어
> ❷ Roe **thought** the idea [**wonderful**].
>   목적격 보어

❶ Julie는 그 일이 매우 지루하다는 걸 알았다.
❷ Roe는 그 생각이 훌륭하다고 생각했다.

❶ very dull ➡ 동사 found 보완, 목적어 the work에 대해 설명
❷ wonderful ➡ 동사 thought 보완, 목적어 the idea에 대해 설명

Point 4 형용사구 형태의 보어

주격 보어나 목적격 보어가 될 수 있는 요소에는 명사구, 형용사구, 분사구, to부정사구 등 여러 가지가 있다. 이 중 가장 흔한 것이 형용사구이다. **형용사구**는 형용사를 핵심 요소로 하여, 그 앞뒤에 다른 수식어구가 나타날 수 있는 형태이다.

❶ The food **smells** [**very delicious**].
　　　　　　　　형용사구

❷ I consider English grammar [**quite interesting**].
　　　　　　　　　　　　　　형용사구

❶ 형용사구 ➡ 주격 보어
❷ 형용사구 ➡ 목적격 보어

❶ 그 음식은 매우 맛있는 냄새가 난다.　❷ 나는 영문법이 꽤[상당히] 재미있다고 생각한다.

Point 5 분사구 형태의 보어

형용사구처럼 주격 보어나 목적격 보어가 될 수 있는 요소에는 분사구도 있다. **분사구**는 동사 끝에 -ing나 -ed가 더해진 분사를 핵심 요소로 하여, 그 뒤에 목적어나 수식어구 등이 뒤따를 수 있는 형태이다(☞ Day 8 분사구 참조).

❶ The dog **was** [**smiling shyly**].
　　　　　　　　분사구

❷ The town **appeared** [**hastily abandoned**].
　　　　　　　　　　분사구

❸ Karen **found** her friend [**sitting outside**].
　　　　　　　　　　　　분사구

❹ Karen **thought** her friend [**somewhat recovered**].
　　　　　　　　　　　　　분사구

❶ 분사구 ➡ 동사 was의 주격 보어
❷ 분사구 ➡ 동사 appeared의 주격 보어
❸ 분사구 ➡ 동사 found의 목적격 보어
❹ 분사구 ➡ 동사 thought의 목적격 보어

❶ 그 개는 수줍게 웃고 있었다.　❷ 그 도시는 급히 버려진 것처럼 보였다.
❸ Karen은 자기 친구가 밖에 앉아 있는 것을 발견했다.　❹ Karen은 자기 친구가 어느 정도 회복되었다고 생각했다.

Point 6 to부정사구 형태의 목적격 보어

어떤 동사는 목적어의 특성에 대해 설명하는 목적격 보어를 반드시 필요로 하는데, 이 목적격 보어의 형태로 to부정사구를 요구한다. 이와 같은 동사에는 allow, cause, enable, encourage, expect, require 등이 있다. 하지만 동사 help는 목적격 보어로 to부정사구뿐 아니라 to가 없는 부정사구도 허용한다.

❶ My parents **allowed** me [**to go to the party**].
　　　　　　　　　　　　to부정사구

❷ Dana's parents **encouraged** her [**to become a model**].
　　　　　　　　　　　　　　　　to부정사구

❸ Dana's mother **helped** her [**(to) choose some new clothes**].
　　　　　　　　　　　　　　　(to)부정사구

❶ to부정사구 ➡ 동사 allowed의 목적격 보어
❷ to부정사구 ➡ 동사 encouraged의 목적격 보어
❸ (to)부정사구 ➡ 동사 helped의 목적격 보어

❶ 우리 부모님은 내가 파티에 가는 것을 허락하셨다.　❷ Dana의 부모님은 그녀에게 모델이 되도록 격려해 주었다.
❸ Dana의 어머니는 그녀가 새 옷을 좀 고르는 데 도움을 주셨다.

1 다음 글의 밑줄 친 부분 중, 어법상 **틀린** 것은? ○ 8852-0005

Words & **Expressions**

particular 특정한
squash 스쿼시
seemingly 언뜻 보기에
unnoticed 간과되는
reward 보상하다
continuous 지속적인
cursing 악담
obvious 분명한
repeatedly 되풀이하여
superior 우수한
cheat 속임수를 쓰다

One particular squash player I agreed to coach invited me to watch him ①play. On the day in question I arrived late, so he did not know when I was there. Very quickly I noticed that while his good shots went seemingly ②unnoticed, he 'rewarded' bad shots
5 with angry verbal abuse and continuous cursing. I asked him about this after his game. "Does getting ③angrily with yourself make you play any better?" I asked. The answer he gave is probably ④obvious. "Well," I said, "instead of cursing yourself after each bad shot, stop for a moment and remember yourself hitting the ball correctly."
10 He tried this technique repeatedly, and before long it started to work and he became a far superior player. He said to me later: "This is so easy and feels so ⑤good that it almost seems as though I am cheating."

*verbal abuse 악담

Tutor You

- 8행 : ~, "instead of **[cursing yourself after each bad shot]**, stop for a moment and remember **[yourself hitting the ball correctly]**."

   첫 번째 [ ] ➡ instead of의 목적어 역할을 하는 동명사구 (해석: 매번 잘못 치고 나서 자신에게 악담하는 것)

   두 번째 [ ] ➡ remember의 목적어 역할을 하는 동명사구 (해석: 자신이 공을 정확하게 친 것)

- 10행 : He tried this technique repeatedly, and before long **it** started to work and he became a far superior player.

   it ➡ 앞 절의 this technique을 대신하는 요소

2 (A), (B), (C)의 각 네모 안에서 어법에 맞는 표현으로 가장 적절한 것은? ⓞ 8852-0006

Values are defined as a person's beliefs about what they consider (A) | important / importantly | in life. Values are core beliefs that guide behavior, provide impetus for motivating behavior, and provide standards against which we assess behavior. For example,
5 an athlete who values commitment, responsibility, and health will tend to develop daily rituals and long-term habits that promote their high-quality sports performance and good health. Highly skilled athletes—and their coaches—feel (B) | passionate / passionately | about their successful involvement in sport. Hours
10 and hours of practice and physical conditioning are undertaken for the purpose of performing their best. Ideally, this passionate feeling is linked with the athlete's core values, that is, what the athlete feels (C) | strong / strongly | about and is integrated into their daily habits and lifestyle.

*impetus 자극제, 추동력

Words & Expressions

define 규정하다
core 핵심적인
motivate 동기를 부여하다
assess 평가하다
athlete 운동선수
commitment 전념, 헌신
ritual (규칙적으로 행하는) 의식과 같은 일
promote 촉진하다
performance 수행
passionate 열정적인
involvement 참가, 열중
conditioning 훈련
undertake 착수하다
integrate 통합하다

	(A)		(B)		(C)
①	important	……	passionate	……	strong
②	importantly	……	passionately	……	strong
③	important	……	passionately	……	strong
④	importantly	……	passionately	……	strongly
⑤	important	……	passionate	……	strongly

Tutor You

■ 2행 : Values are core beliefs [that {guide behavior}, {provide impetus for motivating behavior}, and {provide standards against which we assess behavior}].

3개의 { } ➡ and로 연결되어 관계절의 술어 역할을 하는 동사구 (해석: 행동을 안내하고, 행동에 동기를 부여하는 자극제를 제공하고, 우리가 행동을 평가하는 기준을 제공하다)

[ ]로 표시된 부분 ➡ core beliefs를 수식 (해석: ~ 안내하고, ~ 제공하고, ~ 제공하는)

Day 4 명사구의 대용

Point 1 선행사와 대용

문맥 안에 이미 언급된 적이 있는 명사구가 다시 언급될 때, 흔히 그 명사구는 그대로 되풀이되지 않고 대명사와 같은 더 간단한 말로 대신한다. 앞에 이미 언급된 명사구를 **선행사**라고 하고, 그 선행사를 대신하는 말을 **대용**이라고 한다. 대용에는 인칭대명사나 재귀대명사와 같은 여러 가지 대명사가 포함된다.

❶ **Tara** didn't speak to anyone, and nobody spoke to **her**.
　　선행사　　　　　　　　　　　　　　　　　　　　　　대용

❷ If [**this cat**] gets angry, **it** may scratch you with **its** claws.
　　　선행사　　　　　　　대용　　　　　　　　　　대용

❶ her ➡ Tara를 대신함
❷ it, its ➡ 각각 this cat과 this cat's를 대신함

❶ Tara는 누구에게도 말을 걸지 않았고, 아무도 그녀에게 말을 걸지 않았다.
❷ 이 고양이는 화가 나면 발톱으로 너를 할퀼지도 모른다.

Point 2 인칭대명사

인칭대명사는 앞에 언급된 사람, 사물, 개념 등을 나타내는 명사구(즉 선행사)를 대신한다. 인칭대명사는 선행사인 명사구와 수와 성이 일치해야 한다.

❶ [**This little animal**] is a lemur, and **it** lives in Madagascar.
　　선행사[단수]　　　　　　　　　　　　인칭대명사[단수]

❷ When [**your friends**] upset you, do you tell **them**?
　　　　선행사[복수]　　　　　　　　　　인칭대명사[복수]

❸ I saw you talking to [**that girl**]. Who is **she**?
　　　　　　　　　　　　선행사[여성]　　　　인칭대명사[여성]

❶ 인칭대명사 it ➡ 단수 명사구 This little animal을 대신함
❷ 인칭대명사 them ➡ 복수 명사구 your friends를 대신함
❸ 인칭대명사 she ➡ 여성 명사구 that girl을 대신함

❶ 이 어린 동물은 여우원숭이인데, 그것은 마다가스카르에 산다.　❷ 네 친구들이 너를 화나게 하면 너는 그들에게 말을 하니?　❸ 나는 네가 저 소녀에게 말하는 것을 봤다. 그녀는 누구니?

Point 3 재귀대명사

하나의 절 안에서 동사의 목적어와 주어가 같을 때, 이 목적어는 반드시 대명사 끝에 -self나 -selves가 더해진 형태의 대명사로 표현되어야 한다. 이러한 대명사를 **재귀대명사**라고 한다. 재귀대명사는 인칭대명사와 마찬가지로 선행사인 명사구와 수와 성이 일치해야 한다.

❶ [**The television**] switches **itself** off.
　　선행사[단수]　　　　　　재귀대명사[단수]

❷ [**The young workers**] are trying to protect **themselves**.
　　　선행사[복수]　　　　　　　　　　　　재귀대명사[복수]

❸ [**The actress**] blamed **herself** for the accident.
　　선행사[여성]　　　재귀대명사[여성]

❹ [**My uncle**] considers **himself** a poet.
　　선행사[남성]　　　재귀대명사[남성]

❶ 재귀대명사 itself ➡ 단수 명사구 The television을 대신함
❷ 재귀대명사 themselves ➡ 복수 명사구 The young workers를 대신함
❸ 재귀대명사 herself ➡ 여성 명사구 The actress를 대신함
❹ 재귀대명사 himself ➡ 남성 명사구 My uncle을 대신함

❶ 그 텔레비전은 저절로 꺼진다. ❷ 그 젊은 노동자들은 스스로를 지키려고 노력하고 있다.
❸ 그 여배우는 그 사고에 대해 자신을 탓했다. ❹ 우리 삼촌은 자신이 시인이라고 생각한다.

Point 4 that과 those

that과 those는 앞에 이미 언급된 큰 명사구 안의 작은 명사구를 대신한다. 반복되는 명사구가 단수이면 that으로, 복수이면 those로 대신한다.

❶ [Jill's own **experience**] is different from **that** of her friends.

❷ [**The citizens** {living in small towns}] are happier than **those** in big cities.

❶ that ➡ 단수 experience를 대신함
❷ those ➡ 복수 The citizens를 대신함

❶ Jill 자신의 경험은 자기 친구들의 그것과 다르다.
❷ 소도시에 사는 시민들은 대도시의 그들보다 더 행복하다.

Point 5 one과 ones

one은 앞에 이미 언급된 「a + 명사」와 같은 불특정 명사구를 대신한다. 또한 one과 ones는 앞에서 언급된 명사구를 대신할 때, 그 명사구 전체가 아닌 일부만을 대신할 수도 있다. one과 ones가 대신하는 명사구의 일부에는 수식어가 포함되거나 또는 포함되지 않을 수도 있지만, 핵심 요소인 명사는 반드시 포함된다.

❶ If you don't have [**a bike**], you should buy **one**.

❷ [My old **bike**] is broken, so I need [a new **one**].

❸ [More expensive **meals**] do not always taste better than [cheaper **ones**].

❶ one ➡ 불특정 명사구 a bike를 대신함
❷ one ➡ 명사구의 일부인 bike를 대신함
❸ ones ➡ 명사구의 일부인 meals를 대신함

❶ 자전거가 없으면 하나 사지 그래. ❷ 내 낡은 자전거가 고장이 나서 새것이 필요하다.
❸ 더 비싼 음식이 더 싼 음식보다 늘 더 맛이 있는 것은 아니다.

Point 6 other와 another

두 개의 요소로 이루어진 집합에서 하나의 요소는 one으로, 범위가 정해진 나머지 하나는 the other로 대신한다. 여러 개의 요소로 이루어진 집합에서 일부 요소는 some으로, 범위가 정해진 나머지 전체는 the others로 대신한다. 이와 유사한 집합에서 some이 대신하고 난 불특정한(즉 대략적인) 나머지는 others로 대신한다. 한편 유형이 같은 또 다른 명사구(즉 one more의 의미)는 another로 대신한다.

❶ Sarah has two kittens; **one** is black and **the other** is all white.
❷ There were ten balls here. Three are here. Where are **the others**?
❸ **Some** books are easy to read, but **others** are quite difficult.
❹ Buy two CDs and get **another** completely free.

❶ the other ➡ 두 마리 중 나머지 한 마리를 대신함
❷ the others ➡ 열 개 중 나머지 일곱 개를 대신함
❸ others ➡ 쉬운 책을 제외한 불특정한 책들을 대신함
❹ another ➡ one more CD를 대신함

❶ Sarah는 새끼 고양이 두 마리가 있는데, 한 마리는 검정색이고 다른 한 마리는 온통 흰색이다.
❷ 여기에 공이 열 개가 있었다. 세 개는 여기에 있다. 나머지는 어디에 있니?
❸ 어떤 책들은 읽기가 쉽지만 어떤 책들은 읽기가 어렵다. ❹ CD 두 장을 사시고 완전히 무료로 한 장을 더 얻으세요.

1 다음 글의 밑줄 친 부분 중, 어법상 **틀린** 것은?   ⊙ 8852-0007

Eating customs are one critical dimension of ethnicity that can serve as a cultural barrier to contact with different groups. In most cultures, eating is a highly social activity. What foods are eaten, in what manner, how often, and particularly with whom are all factors that vary from one culture to ① another. Every culture uses the sharing of food to maintain social ties and group solidarity. A good illustration is Hindu India, where people are strictly forbidden from eating with members of ② other castes. In some societies the communal aspects of eating are emphasized to a far greater degree than ③ they are in the United States. For example, Amharic speakers from Ethiopia not only eat food from a common basket but on special social occasions actually put the food into one another's mouths rather than into ④ its own. Moreover, by creating and maintaining certain food taboos, cultures set ⑤ themselves apart from other cultures that do not recognize such prohibitions.

*ethnicity 민족성   **caste (힌두교 사회의) 계급

Words & Expressions

critical 대단히 중요한
dimension 측면
barrier 장벽, 장애물
factor 요인
solidarity 연대, 결속
illustration 실례
strictly 엄격하게
forbidden 금지된
communal 공동의
aspect 측면
emphasize 강조하다
occasion 행사
taboo 금기, 터부
recognize 인정하다, 알아보다
prohibition 금지 규정

Tutor You

- 1행 : Eating customs are one critical dimension of ethnicity **[that can serve as a cultural barrier to {contact with different groups}]**.

  {   }로 표시된 부분 ➡ 전치사 to의 목적어 역할을 하는 명사구 (해석: 다른 집단과의 접촉)

  [   ]로 표시된 부분 ➡ one critical dimension of ethnicity를 수식 (해석: 문화적 장벽으로 작용할 수 있는)

2 (A), (B), (C)의 각 네모 안에서 어법에 맞는 표현으로 가장 적절한 것은? 🔵 8852-0008

Words & **Expressions**

invention 발명품
needle 바늘
sew 꿰매다
fur 모피
garment 의복, 옷
shawl 숄
tan 무두질하다
hide (짐승의) 가죽
stiff 뻣뻣한
approach 필적하다, ~에 가깝다
excellence 뛰어남
construction 제작

One of the most important Cro-Magnon inventions was the needle. Needles were made out of slivers of animal bone; they were sharpened to a point at one end and had an eye at (A) | other / the other | end. With a needle, Cro-Magnon man could sew

5 carefully cut pieces of fur into better fitting garments. Evidence suggests that Cro-Magnon people developed close-fitting pants and shirts that would protect (B) | them / themselves | from the cold, as well as shawls, hoods, and long boots. Because they had not learned how to tan hides to soften them, the animal skin would

10 have been stiff at first, but with repeated wearings it would become very soft and comfortable. Jacquetta Hawkes, author of *The Atlas of Early Man*, believes that Cro-Magnon clothes approached (C) | that / those | of modern Inuit peoples in their excellence of construction.

*sliver (깨어진) 조각

	(A)		(B)		(C)
①	other	⋯⋯	them	⋯⋯	those
②	the other	⋯⋯	them	⋯⋯	those
③	the other	⋯⋯	themselves	⋯⋯	those
④	the other	⋯⋯	them	⋯⋯	that
⑤	other	⋯⋯	themselves	⋯⋯	that

Tutor You

■ 8행 : Because they had not learned **[how to tan hides {to soften them}]**, ~.

{ }로 표시된 부분 ➡ [ ] 안에서 목적을 나타냄 (해석: 그것들을 부드럽게 하기 위해)

[ ]로 표시된 부분 ➡ learned의 목적어 역할 (해석: ~ 가죽을 무두질하는 법을)

Day 5 수식과 비교

Point 1 형용사구의 수식

형용사는 사람이나 사물의 성질을 나타내는 말이다. 이러한 형용사를 핵심 요소로 하고, 필요에 따라 그 앞 뒤에 수식어구가 더해져 **형용사구**가 된다. 형용사구는 크게 두 가지 일을 하는데, 하나는 주어나 목적어의 성질에 대해 설명하는 보어 역할이고(☞ Day 3 참조), 다른 하나는 아래와 같이 명사구 안에서 명사를 수식 하는 역할이다.

---

❶ These are [{**unbelievably expensive**} **shoes**].
　　　　　　　　　형용사구　　　　　　　명사

❷ This is [a **movie** {**full of lonely and unhappy people**}].
　　　　　　명사　　　　　　　형용사구

---

❶ 이것은 믿을 수 없을 만큼 비싼 신발이다.
❷ 이것은 고독하고 불행한 사람로 가득 찬 영화이다.

❶ 명사구 ➡ [형용사구 + 명사]
　형용사구 ➡ {부사 + 형용사}
❷ 명사구 ➡ [한정사 + 명사 + 형용사구]
　형용사구 ➡ {형용사 + 전치사구}

Point 2 부사의 수식

부사는 동사구 안에서 동사, 형용사, 다른 부사를 수식한다. 보어 역할을 하는 형용사구와 달리, 대부분의 부사는 보어 역할을 하지 못한다.

---

❶ Jonathan **plays** the flute **beautifully**.

❷ My cat is **incredibly happy** to have his dinner.

❸ Phillip sings **too loudly**.

❹ The whole story **sounded** [very **oddly**].　　　(X)
　 The whole story **sounded** [very **odd**].　　　(O)

---

❶ Jonathan은 플루트를 멋지게 분다.　❷ 우리 고양이는 저녁을 먹게 되어 몹시[대단히] 기뻐한다.
❸ Philip은 너무 큰 소리로 노래한다.　❹ 의도: 사건의 전모는 매우 이상하게 들렸다.

❶ 부사 beautifully ➡ 동사 plays 수식
❷ 부사 incredibly ➡ 형용사 happy 수식
❸ 부사 too ➡ 부사 loudly 수식
❹ 부사 oddly는 보어가 될 수 없음
　⇒ 형용사 odd로 수정

Point 3 비교 표현

두 대상 X와 Y의 성질을 비교하여 'X가 Y보다 더 ~하다'라는 식의 차이를 드러내고자 할 때, 성질을 나타내는 형용사나 부사의 형태를 변화시킨다. 대부분의 1음절 형용사나 부사는 끝에 -er을 붙이고, 2음절 이상의 형용사나 부사는 바로 앞에 more나 less를 더한다.

---

❶ Paul's dog is **larger** than Peter's dog.

❷ Peter's dog runs **faster** than Paul's dog.

❸ This shirt is **more expensive** than that one.

❹ We go out to the movies **less often** than we used to.

---

❶ Paul의 개는 Peter의 개보다 더 크다.　❷ Peter의 개는 Paul의 개보다 더 빨리 달린다.
❸ 이 셔츠는 저것보다 더 비싸다.　❹ 우리는 전보다 영화를 보러 덜 자주 간다.

❶ 형용사-er
❷ 부사-er
❸ 「more + 형용사」
❹ 「less + 부사」

Point 4 동등 비교

비교된 두 대상 X와 Y의 성질이 동등할 때는 「as + 형용사구/부사구 + as」로 나타내고, 동등하지 않을 때는 동사구에 not을 더한다. as와 as 사이에 명사구가 들어올 수도 있으며, 이 때 어순은 「as + 형용사구 + 명사구 + as」이다.

> ❶ Ken's grown so much. He is **as tall as** his father now.
> ❷ The second game didn't go **as well as** the first one.
> ❸ Kane is **as good [a soccer player] as** Ronaldo and Messi.

❶ Ken은 매우 많이 자랐다. 그는 이제 키가 자기 아버지만큼 크다.
❷ 두 번째 경기는 첫 경기만큼 잘 풀리지 않았다.
❸ Kane은 Ronaldo와 Messi만큼 훌륭한 축구선수이다.

❶ Ken의 키 = Ken의 아버지의 키
❷ 두 번째 경기 운영 ≠ 첫 경기 운영
❸ Kane의 우수성 = Ronaldo와 Messi의 우수성

Point 5 배수 표현

비교된 두 대상 X와 Y의 성질 사이에 N배 차이가 날 때, 동등 비교나 비교 표현 앞에 N times라는 어구를 더하여 배수를 나타낼 수 있다.

> ❶ Russia is **three times as large as** the main body of the United States.
> ❷ Russia is **three times larger than** the main body of the United States.

❶ ~ ❷ 러시아는 미국 본토 크기의 3배이다.

❶ ~ ❷ 러시아의 영토 크기
= 3 × 미국 본토의 크기

Point 6 이중 비교

'~하면 할수록 점점 더 ...해지다'라는 의미는 「The + 형용사/부사의 비교 형태 ~, the + 형용사/부사의 비교 형태 ....」와 같은 이중 비교 구문으로 나타낼 수 있다.

> ❶ **The more** people there are, **the merrier** everyone will be.
> ❷ **The harder** you push yourself, **the faster** you can run.

❶ 사람이 많으면 많을수록 누구나 더 즐거워질 것이다.
❷ 스스로 채찍질을 더 세게 하면 할수록 더 빨리 달릴 수 있다.

❶ 형용사구의 이중 비교 구문
❷ 부사구의 이중 비교 구문

1 다음 글의 밑줄 친 부분 중, 어법상 **틀린** 것은?

◎ 8852-0009

Time-limit calls may be important, but they should be handled as ①efficiently as possible. For example, a member of your work team may call with a specific question about a report you're working on together. You answer it in about a minute. Then he spends the next 20 minutes talking about his recent vacation. This is a real time waster that can delay high-priority work. It's ②essential to put a limit on these types of calls; otherwise you'll find yourself frittering away precious minutes. If your coworker wants to talk about his vacation and you have a project to accomplish, you don't have to cut him off ③rudely. Explain the situation as ④pleasant as possible: "I'm sorry, but I really have to get this done. Can I call you back later or see you for lunch? I'd love to hear about your vacation." Make an appointment to call him, if ⑤necessary, and mark it down on your schedule.

*fritter away 낭비하다

Words & Expressions

efficiently 능률적으로
specific 특정한
delay 지연하다
high-priority 최우선 순위의
essential 극히 중요한
limit 한도, 한계
accomplish 완수하다
mark down 표시을 하다

Tutor You

■ 2행 : For example, a member of your work team may call with a specific question **[about a report {you're working on together}]**.

{　}로 표시된 부분 ➡ a report를 수식 (해석: 여러분이 함께 작업하고 있는)

[　]로 표시된 부분 ➡ a specific question을 수식 (해석: ~ 보고서에 관한)

2 (A), (B), (C)의 각 네모 안에서 어법에 맞는 표현으로 가장 적절한 것은? ◐ 8852-0010

The fruit of the baobab tree is becoming a popular food product because it has a number of desirable features. Traditionally it was used as a (A) high / highly nutritious and tasty snack for children; a dietary supplement for pregnant women; medicine to relieve stomachaches, fevers, and malaria; and, when hydrated, a refreshingly tangy drink similar to lemonade. It is exceptionally nutritious, containing high levels of antioxidants, essential minerals such as calcium, potassium, iron, and magnesium, and (B) as twice / twice as much vitamin C as an orange. In a study by the United Nations, a solution of water and baobab powder was found to be a more effective remedy for dehydration in children than the standard remedies used by the World Health Organization. Today baobab fruit powder is being used in a wide variety of food and drink products sold (C) international / internationally, including smoothies, juices, breakfast cereals, cereal bars, snacks, ice cream, yogurt, jams, sauces, marinades, specialty teas, and health supplements.

*hydrated 물과 결합된 **tangy 톡 쏘는 ***antioxidant 산화 방지제

	(A)		(B)		(C)
①	highly	······	twice as	······	international
②	high	······	twice as	······	international
③	highly	······	as twice	······	internationally
④	high	······	as twice	······	international
⑤	highly	······	twice as	······	internationally

Tutor You

■ 10행 : ~, **[a solution of water and baobab powder]** was found to be a more effective remedy for dehydration in children than **[the standard remedies used by the World Health Organization]**.

[ ]로 표시된 두 부분 ➡ an effective remedy for dehydration in children이라는 성질의 비교 대상 (해석: 물과 바오밥 나무 열매 가루의 용액 vs. WHO가 사용하는 표준 규격의 치료제)

○ 8852-0011

다음 글의 밑줄 친 부분 중, 어법상 틀린 것은?   2017년 6월 고1 학평 28번

Are you honest with yourself about your strengths and weaknesses? Get to really know ①yourself and learn what your weaknesses are. Accepting your role in your problems ②mean that you understand the solution lies within you. If you have a weakness in a certain area, get educated and do ③what you have to do to improve things for yourself. If your social image is terrible, look within yourself and take the necessary steps to improve ④it, TODAY. You have the ability to choose how to respond to life. Decide today to end all the excuses, and stop ⑤lying to yourself about what is going on. The beginning of growth comes when you begin to personally accept responsibility for your choices.

Words & Expressions

solution 해결책
respond 대응하다

educated 배운, 교육을 받은
excuse 변명

improve 개선하다
responsibility 책임

기출 예제 🔍 **관찰과 해결**

❷ **주어와 술어 간 수일치** (☞ Day 1, Point 6)

[**Accepting** your role in your problems] <u>mean</u> that ~.

관찰 ····· [　]는 주어 역할의 동명사구

적용 ····· 동명사구의 핵심 요소는 동명사 Accepting

　　　　동명사는 셀 수 없으므로 단수 취급

해결 ····· 주어가 단수이므로 술어동사도 단수 형태인 means로 고쳐야 함

① **대용 표현 ⇒ 대명사** (☞ Day 4, Point 3)

[Get to really know <u>yourself</u>] and learn what your weaknesses are.

관찰 ····· know의 목적어가 필요

적용 ····· [　]의 함축된 주어 You와 know의 목적어가 같은 대상

해결 ····· 재귀대명사 yourself는 적절한 형태

③ **목적어 ⇒ 절 형태의 목적어** (☞ Day 2, Point 6)

~ and do [<u>what</u> you have to do] to improve things for yourself.

관찰 ····· 술어동사 do의 목적어가 필요

적용 ····· [　]는 선행사가 포함된 관계절로서 명사절로 간주

해결 ····· 관계사 what은 명사절을 이끌기 때문에 적절한 요소

④ **대용 표현 ⇒ 인칭대명사** (☞ Day 4, Point 2)

If your social image is terrible, ~ [to improve <u>it</u>], TODAY.

관찰 ····· [　] 안의 it은 선행사를 대신하는 요소

적용 ····· 인칭대명사 it의 선행사 후보는 문맥상 your social image

해결 ····· 형태와 내용상 it은 단수 명사구 your social image를 대신하는 적절한 요소

⑤ **목적어 ⇒ 동명사구 형태의 목적어** (☞ Day 2, Point 4)

~, and stop [<u>lying</u> to yourself about what is going on].

관찰 ····· 술어동사 stop은 목적어가 필요

적용 ····· [　]는 stop의 목적어 역할을 할 수 있는 동명사구

해결 ····· 동명사구를 이끄는 핵심 요소인 동명사 lying은 적절한 형태

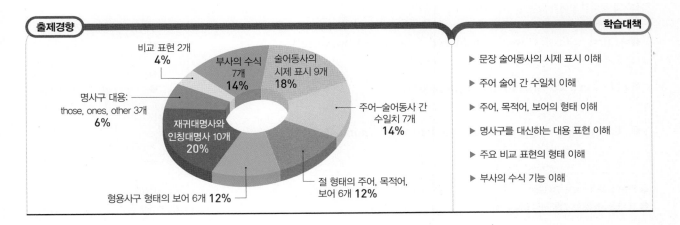

출제경향

- 비교 표현 2개 **4%**
- 부사의 수식 7개 **14%**
- 술어동사의 시제 표시 9개 **18%**
- 명사구 대용: those, ones, other 3개 **6%**
- 재귀대명사와 인칭대명사 10개 **20%**
- 주어-술어동사 간 수일치 7개 **14%**
- 형용사구 형태의 보어 6개 **12%**
- 절 형태의 주어, 목적어, 보어 6개 **12%**

학습대책

▶ 문장 술어동사의 시제 표시 이해

▶ 주어 술어 간 수일치 이해

▶ 주어, 목적어, 보어의 형태 이해

▶ 명사구를 대신하는 대용 표현 이해

▶ 주요 비교 표현의 형태 이해

▶ 부사의 수식 기능 이해

Day 7 수동태

Point 1 수동태의 형태

주어가 어떤 동작의 행위자이면 능동태로 나타내지만, 주어가 그 동작의 영향을 받는 대상이면 **수동태**로 나타낸다. 수동태는 「be + 과거분사(V-en)」의 형태로 나타낸다.

❶ ***War and Peace*** was written by Tolstoy.
　　　주어　　　「be + V-en」

❷ **Bob** was recognized as a genius by other musicians.
　　주어　　「be + V-en」

❸ **The bridge** has been described as a work of art by critics.
　　　주어　　　　「be + V-en」

❶ *War and Peace* ➡ 쓰는 동작 (write)의 대상
❷ Bob ➡ 인정하는 동작(recognize)의 대상
❸ The bridge ➡ 칭하는 동작 (describe)의 대상

❶ '전쟁과 평화'는 Tolstoy에 의해 쓰였다.　❷ Bob은 다른 음악가들에 의해 천재로 인정받았다.
❸ 그 다리는 비평가들에 의해 예술 작품으로 칭해져 왔다.

Point 2 목적어가 두 개인 동사의 수동태

목적어가 두 개(간접목적어와 직접목적어)인 능동태 문장을 수동태로 바꾸면, 둘 중 하나가 수동태 문장의 주어 위치로 이동한다.

❶ [The participants] were given △ personal interviews.
　　　　　　　　　　이동

❷ Sadly, [a seat] was not offered (to) Ellie △.
　　　　　　　　　이동

❶ The participants ➡ given의 간접 목적어
❷ a seat ➡ offered의 직접목적어

❶ 그 참가자들에게는 개인별 면접이 행해졌다.　❷ 애석하게도, Ellie에게는 좌석이 제공되지 않았다.

Point 3 목적어와 목적격 보어가 있는 문장의 수동태

목적어와 목적격 보어가 있는 능동태 문장을 수동태로 바꾸면, 목적어가 수동태 문장의 주어 위치로 이동한다.

❶ At first, [plastics] were considered △ [a miracle material].
　　　　　　　　　　　이동

❷ [The accused] was found △ [innocent].
　　　　　　　　이동

❸ [The villagers] were asked △ [to leave their homes].
　　　　　　　　　이동

❶ a miracle material ➡ 명사구, 목적격 보어
❷ innocent ➡ 형용사구, 목적격 보어
❸ to leave their homes ➡ to부정사구, 목적격 보어

❶ 처음에, 플라스틱은 경이로운 물질로 간주되었다.　❷ 그 피고인은 무죄로 판명되었다.
❸ 그 마을 사람들은 집을 떠나도록 요청받았다.

Point 4 구동사의 수동태

능동태 문장의 동사가 구동사일 때도 목적어는 수동태 문장의 주어 위치로 이동한다.

❶ [Greg] **was looked after** △ by his grandmother.
　　　　　　이동

❷ [The man] **was laughed at** △ by everyone in the elevator.
　　　　　　이동

❸ [The checked tablecloth] **was spread** △ **out** on the grass.
　　　　　　이동

❶ look after ~을 돌보다
❷ laugh at ~을 조롱하다, ~을 비웃다
❸ spread out ~을 펼치다

❶ Greg는 자신의 할머니에 의해 돌봄을 받았다.
❷ 그 남자는 엘리베이터 안에 있는 모든 사람들에 의해 조롱을 받았다.
❸ 체크무늬의 식탁보가 풀밭 위에 펼쳐졌다.

Point 5 to부정사구와 동명사구의 수동태

to부정사구나 동명사구의 동사가 목적어를 필요로 하는 동사이고 그 동사의 의미상 주어가 동작의 영향을
받는 대상이면, to부정사구와 동명사구는 각각 수동태(「to be + V-en」와 「being + V-en」)로 나타낸다.

❶ [Employees] are [**to be provided** △ with exercise plans].

❷ Fortunately, [the squirrel] avoided [**being noticed** △] by predators.

❶ Employees ➡ 제공하는 동작
　(provide)의 대상
❷ the squirrel ➡ 주목하는 동작
　(notice)의 대상

❶ 직원들에게는 운동 계획이 제공될 예정이다.
❷ 다행히, 그 다람쥐는 포식자의 주목을 받는 것을 피했다.

Point 6 수동태 전환을 할 수 없는 동사

목적어가 없는 동사(occur, happen, disappear, exist 등)와 목적어는 있지만 상태를 나타내는 동사
(resemble, lack, have, cost 등)는 수동태로 나타낼 수 없다.

❶ Some bodily changes **occur** during adolescence.　　　　　(O)

　 Some bodily changes **are occurred** during adolescence.　(X)

❷ Kelly **resembles** a famous actor.　　　　　　　　　　　(O)

　 A famous actor **is resembled** by Kelly.　　　　　　　　 (X)

❶ occur ➡ 목적어가 필요 없는 동사
❷ resemble ➡ 상태를 나타내는 동사

❶ 몇 가지 신체 변화가 청소년기에 일어난다.
❷ Kelly는 한 유명한 배우를 닮았다.

1 다음 글의 밑줄 친 부분 중, 어법상 **틀린** 것은?

🔊 8852-0016

If oxygen and hydrogen exist in water it must be in a virtual state. They are there potentially, and, under the right circumstances, they can ① be obtained by breaking down the water molecule. This is what actually ② happens when an electrical current is passed through a sample of water. Using a special device, a direct current is passed through a sample of water such that one kind of gas ③ is collected at the anode and the other kind at the cathode. In a short time we observe a certain volume of oxygen forming at the anode and twice as much hydrogen forming at the cathode. Each gas can then ④ test with a small flame in order to determine its combustibility. It then becomes clear that what was previously there potentially has now ⑤ been actualized.

*anode (전지의) 양극 **cathode (전지의) 음극

Tutor You

■ 8행 : In a short time we [**observe a certain volume of oxygen forming at the anode**] and [**(observe) twice as much hydrogen forming at the cathode**].

[ ]로 표시된 두 개의 동사구 ➡ and로 대등하게 연결

첫 번째 [ ] 해석: 일정량의 산소가 양극에서 생성되는 것을 관찰하다

두 번째 [ ] 해석: 두 배의 수소가 음극에서 생성되는 것을 관찰하다

두 번째 [ ]로 표시된 동사구에서 observe 생략

2 (A), (B), (C)의 각 네모 안에서 어법에 맞는 표현으로 가장 적절한 것은? ● 8852-0017

Words & Expressions

chance 가능성
alternatively 그렇지 않으면,
그 대신에
sibling 형제자매
critical 중요한
figure out ~을 이해하다
competition 경기, 시합

When we are young, our families influence us more than outsiders do. For example, if your parents participated in sport, took you to sporting contests, helped you learn basic sport skills, and encouraged you to participate, chances are good that you gave

5 sport a try. Alternatively, you may have been (A) encouraged / encouraging to participate in sport by other family members, such as grandparents, aunts, uncles, or older siblings. In any case, if you tried a sport, your decision about whether to continue it was (B) influenced / influencing by critical factors, including

10 whether you felt comfortable in the environment created by the coach and other athletes. Indeed, coaches, teachers, camp counselors, and older children can powerfully influence us as we try to figure out what is important in life. In addition, your attitude about sport may have been (C) shaped / shaping by your own

15 success or failure in competition.

	(A)		(B)		(C)
①	encouraged	......	influenced	......	shaped
②	encouraged	......	influencing	......	shaped
③	encouraged	......	influencing	......	shaping
④	encouraging	......	influencing	......	shaping
⑤	encouraging	......	influenced	......	shaping

Tutor You

■ 2행 : For example, if your parents participated in sport, ~, chances are good **[that you gave sport a try]**.

[   ]로 표시된 부분 ➡ chances와 동격 관계 (해석: 여러분이 스포츠를 시도해 보았을)

Day 8 분사구

Point 1 명사(구) 수식

분사를 핵심 요소로 하는 분사구는 명사(구)를 수식한다. 분사 하나로 이루어진 분사구는 주로 명사 앞에 놓여 그 명사를 수식하고, 몇 개의 요소로 이루어진 더 긴 분사구는 명사구 뒤에서 수식한다.

❶ We saw [an **exciting** **match**] on Saturday night.
        분사구   명사
          └─수식─┘

❷ [{**The car**} {**stolen that night**}] was later found abandoned.
    명사구   분사구
      └────수식────┘

❶ exciting ➡ 핵심 요소인 분사 단독으로 이루어진 분사구
❷ stolen that night ➡ 핵심 요소와 부사어구로 이루어진 분사구

❶ 우리는 토요일 밤에 재미있는 경기를 보았다.
❷ 그날 밤 도난당한 차는 나중에 버려진 채로 발견되었다.

Point 2 보어 역할

분사구는 주어나 목적어의 특성에 대해 설명하는 주격 보어나 목적격 보어 역할을 할 수 있다.

❶ **Train fares** remain **unchanged**.
                        주격 보어
❷ Patricia found **the window** **broken**.
                              목적격 보어

❶ unchanged ➡ 주어 Train fares를 보완
❷ broken ➡ 목적어 the window를 보완

❶ 기차 요금은 변하지 않은 채로 있다.   ❷ Patricia는 창문이 깨져 있는 것을 발견했다.

Point 3 현재분사 vs. 과거분사

분사구가 명사구를 수식할 때, 수식을 받는 명사구가 동작의 행위자이면 **현재분사**(V-ing)로 표현되고 동작의 대상이면 **과거분사**(V-en)로 표현된다. 또한 분사구가 보어 역할을 할 때도, 의미상 주어가 동작의 행위자이면 현재분사로 표현되고 동작의 대상이면 과거분사로 표현된다.

❶ [{**The man**} {**sitting over there**}] is my Spanish friend.
      └────수식────┘

❷ [{**The pork**} {**eaten by the children**}] went bad.
      └────수식────┘

❸ Visitors will see **dinosaurs** [**walking** around].
                                    목적격 보어

❹ You must get **your passport** [**renewed in time**].
                                    목적격 보어

❶ The man ➡ 앉는 동작(sit)의 행위자
❷ The pork ➡ 먹는 동작(eat)의 대상
❸ dinosaurs ➡ 걷는 동작(walk)의 행위자
❹ your passport ➡ 갱신하는 동작(renew)의 대상

❶ 저기에 앉아 있는 남자는 내 스페인 친구다.   ❷ 그 아이들이 먹은 돼지고기는 상했다.
❸ 방문객들은 공룡이 주변을 걸어 다니는 것을 보게 될 것이다.   ❹ 여권을 제때 갱신해야 한다.

Point 4 분사 구문이란

부사절처럼 주절에 특정 정보를 제공하는 분사구와 주절로 이루어진 문장을 **분사 구문**이라고 한다. 분사 구문의 분사구는 이유, 시간, 조건, 동시 동작 등을 나타낸다.

❶ [Confused **by its unusual appearance**], they decided to throw it away.

❷ [Seeing **an accident ahead**], I stopped my car.

❸ [Following **Ann's advice**], you will achieve your goal.

❹ Ryan read the report carefully, [finding **something interesting**].

❶ 분사구 ➡ 이유
❷ 분사구 ➡ 시간
❸ 분사구 ➡ 조건
❹ 분사구 ➡ 동시 동작

❶ 이상한 겉모습에 당황했기 때문에, 그들은 그것을 내다 버리기로 결정했다.

❷ 전방에서 일어난 사고를 보았을 때, 나는 차를 멈췄다.

❸ Ann의 조언을 따른다면, 여러분은 자신의 목표를 달성할 것이다.

❹ Ryan은 보고서를 주의 깊게 읽다가 흥미로운 것을 발견했다.

Point 5 접속사나 with로 시작된 분사구

분사구와 주절의 논리적 연결 관계를 분명히 드러내려고 할 때는 분사구 앞에 접속사를 표현할 수 있다. 한편, with로 시작된 분사구는 주절의 내용과 동시에 일어나는 동작이나 상황을 나타낸다.

❶ [While **walking along the street**], I heard someone calling my name.

❷ The soldier couldn't see properly, [with **his right eye damaged**].

❶ 접속사 While ➡ 분사구가 확실히 시간을 나타냄
❷ his right eye ➡ 상처를 입히는 동작(damage)의 대상

❶ 길을 따라 걷고 있을 때, 나는 누군가 내 이름을 부르는 것을 들었다.

❷ 그 군인은 오른쪽 눈이 상처를 입은 상태여서 제대로 볼 수 없었다.

Point 6 다양한 형태의 분사구

첫째, 분사구의 의미상 주어와 주절의 주어가 서로 다를 때, 분사구 앞에 다른 주어가 표현된다. 둘째, 분사구를 부정할 때는 일반적으로 부정어를 분사구 앞에 표현한다. 셋째, 분사구의 시제가 주절의 시제보다 앞설 때, 분사구는 Having V-en으로 시작된다. 넷째, 분사구가 Being으로 시작될 때, 이 Being은 생략될 수 있다.

❶ [The sky **suddenly becoming dark**], we hurried to the shelter.

❷ [Not **knowing where the bus stop was**], I asked a stranger.

❸ [Having been **told the bad news**], Anne sat down and cried.

❹ [(Being) **poor**], Fred didn't spend much on clothes.

❶ The sky ≠ we
❷ 분사구의 부정 ➡ 분사구 앞에 Not을 표현
❸ 시제 ➡ '나쁜 소식 듣기' 〉 '주저앉아 울기'
❹ Being ➡ 생략 가능

❶ 하늘이 갑자기 어두워졌기 때문에, 우리는 서둘러 대피처로 갔다.

❷ 버스 정류장이 어디에 있는지를 알지 못했기 때문에, 나는 낯선 사람에게 물었다.

❸ 나쁜 소식을 들었기 때문에, Anne은 주저앉아 울었다.

❹ 가난했기 때문에, Fred는 옷에 많은 돈을 쓰지 않았다.

1 다음 글의 밑줄 친 부분 중, 어법상 **틀린** 것은?　　　　○ 8852-0018

Words & Expressions

predictable 예측 가능한
go on with ~을 계속하다
rehearse 예행 연습하다
appropriate 적절한
dispense with ~을 생략하다
commander 지휘관
inherit 상속하다
estate 재산, 토지
press on with ~을 강행하다

Napoleon's conversational style was almost completely predictable. ①Having asked his guest's name, he would usually go on with "What part of France do you come from?" and "How old are you?" ②Aware of this, the deaf Duchesse de Brissac rehearsed appropriate responses. On hearing her name, however, Napoleon for once ③realized who she was and dispensed with his usual second and third questions. ④Remembering that her brother-in-law, the Duc de Brissac, had been killed as commander of Louis XVI's guard at Versailles in 1792, he asked whether she and her husband had inherited the estate. "Seine et Oise, sire," replied the duchess. Slightly ⑤surprising, Napoleon pressed on with "Have you any children?" The duchess smiled brightly. "Fifty-two, sire," she said.

*duchess 공작부인

Tutor You

■ 5행 : **[On hearing her name]**, however, Napoleon for once realized who ~.
[ ]로 표시된 부분 ➡ As soon as he heard her name을 전치사구로 축약 (해석: 그녀의 이름을 듣자마자)

2 (A), (B), (C)의 각 네모 안에서 어법에 맞는 표현으로 가장 적절한 것은? ○ 8852-0019

Words & Expressions

peel 껍질
scrap 먹다 남은 음식
fungus 균류
molecule 분자
tiny 작은
microscope 현미경
convince 설득하다
fossil fuel 화석 연료
wilt 시들다
lettuce 상추
fridge 냉장고

Don't throw out that orange peel! If people can use waste oil to get around, what about using kitchen scraps? In 2008, scientists at Montana State University told reporters about an exciting tree fungus they'd discovered in Patagonia. What could possibly make
5 a fungus (A) excited / exciting ? *Ascocoryne sarcoides* can turn all your plant-based kitchen scraps into a liquid with many of the molecules (B) finding / found in gasoline. (Molecules are parts of matter so tiny that nobody can see them, except with a very special microscope.) Now scientists are working to convince the fungus to
10 make a lot more of this liquid, and perhaps one day, with a bit of help from *A. sarcoides*, we'll be able to leave the fossil fuels in the ground and (C) make / making car fuel with the wilted lettuce that's in our fridges instead.

*Ascocoryne sarcoides 살짧은꽃잎버섯

	(A)		(B)		(C)
①	excited	⋯⋯	finding	⋯⋯	make
②	excited	⋯⋯	found	⋯⋯	make
③	exciting	⋯⋯	found	⋯⋯	make
④	exciting	⋯⋯	found	⋯⋯	making
⑤	exciting	⋯⋯	finding	⋯⋯	making

Tutor You

■ 12행 : ~ and make car fuel with the wilted lettuce **[that's in our fridges]** instead.

[ ]로 표시된 부분 ➡ 명사구인 the wilted lettuce를 수식하는 관계절 (해석: 우리의 냉장고 안에 있는)

🔾 8852-0020

기출 예제

(A), (B), (C)의 각 네모 안에서 어법에 맞는 표현으로 가장 적절한 것은? 2018년 3월 고1 학평 29번

The first underwater photographs were taken by an Englishman named William Thompson. In 1856, he waterproofed a simple box camera, attached it to a pole, and (A) lowered / lowering it beneath the waves off the coast of southern England. During the 10-minute exposure, the camera slowly flooded with seawater, but the picture survived. Underwater photography was born. Near the surface, (B) where / which the water is clear and there is enough light, it is quite possible for an amateur photographer to take great shots with an inexpensive underwater camera. At great depth — it is dark and cold there — photography is the principal way of exploring a mysterious deep-sea world, 95 percent of which has never (C) seen / been seen before.

*exposure 노출

	(A)		(B)		(C)
①	lowered	⋯⋯	where	⋯⋯	seen
②	lowered	⋯⋯	where	⋯⋯	been seen
③	lowered	⋯⋯	which	⋯⋯	seen
④	lowering	⋯⋯	where	⋯⋯	seen
⑤	lowering	⋯⋯	which	⋯⋯	been seen

Words & Expressions

photograph 사진
lower 내리다, 낮추다
inexpensive 저렴한

waterproof 방수 처리하다
beneath the waves 해저에
principal 주요한

attach 붙이다, 달다
photography 사진술

기출 예제 관찰과 해결

(A) 주어와 술어 ⇒ 술어동사의 시제 표시 (☞ Day 1, Point 5)

~, he [**waterproofed** ~], [**attached** it ~], and [**lowered / lowering** it ~].

관찰 ····· [ ]는 술어를 이루는 세 개의 동사구

적용 ····· 완전한 문장의 동사에는 시제와 일치 요소가 표시되어야 함

앞에 놓인 두 개의 [ ]: waterproof-ed, attach-ed

해결 ····· 동사에 과거시제 요소 -ed가 표시된 lower-ed를 선택

(B) 관계절 II ⇒ 부사어구 역할의 관계사 (☞ Day 14, Point 4)

Near **the surface**, [**where / which** {the water is clear and there is enough ~}], ~.

관찰 ····· [ ]는 the surface를 부가적으로 설명하는 관계절

적용 ····· 관계사가 이끄는 { }는 필수 요소를 모두 갖춤

해결 ····· 장소의 부사어구 역할을 하는 where를 선택

(C) 수동태 ⇒ 수동태의 형태 (☞ Day 7, Point 1)

~, [{95 percent of which} has never **seen / been seen** before].

관찰 ····· { }는 [ ]의 주어

적용 ····· 주어가 동사 see의 행위자가 아니라 영향을 입는 대상

해결 ····· 수동태를 나타내는 be V-en 형태를 선택

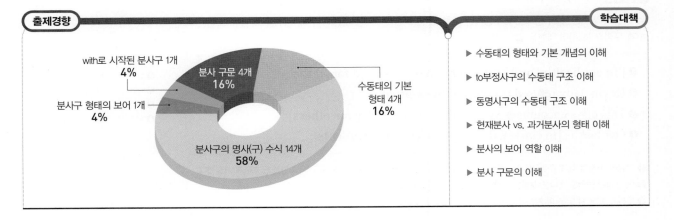

출제경향

- with로 시작된 분사구 1개 **4%**
- 분사구 형태의 보어 1개 **4%**
- 분사 구문 4개 **16%**
- 수동태의 기본 형태 4개 **16%**
- 분사구의 명사(구) 수식 14개 **58%**

학습대책

▶ 수동태의 형태와 기본 개념의 이해

▶ to부정사구의 수동태 구조 이해

▶ 동명사구의 수동태 구조 이해

▶ 현재분사 vs. 과거분사의 형태 이해

▶ 분사의 보어 역할 이해

▶ 분사 구문의 이해

Day 10 to부정사구

Point 1 to부정사구 = to + 동사구

to부정사구는 「to + 동사구」의 형태로 이루어진다. 구 안에 동사의 기본형을 포함하고 있기 때문에 일반적으로 동사의 성질을 유지한다. 따라서 to부정사구 안에는 동사의 성질에 따라 목적어, 보어, 또는 부사어구가 나타날 수 있다.

❶ Scott decided [{**to watch**} {**the movie**} {**with Sarah**}].
                   to부정사   목적어   부사어구

❷ Matt hopes [{**to become**} {**a psychologist**} {**in the future**}].
                  to부정사   보어   부사어구

❶ to부정사구 ➡ [{to + 동사 기본형} + 목적어 + 부사어구]
❷ to부정사구 ➡ [{to + 동사 기본형} + 보어 + 부사어구]

❶ Scott는 그 영화를 Sarah와 함께 보기로 했다.　❷ Matt는 장래에 심리학자가 되기를 희망한다.

Point 2 의미상 주어

문장의 주어와 to부정사구의 의미상 주어가 같으면 그 의미상 주어는 표현되지 않지만, 다를 때는 to부정사 앞에 표현되어야 한다. 보통은 for가 그 의미상 주어를 이끌지만, be동사의 보어가 사람의 성격이나 특성을 나타내는 형용사(kind, polite, honest, foolish, stupid, silly 등)일 때는, of가 for를 대신한다.

❶ **Annie** decided [Ø **to do the experiment for herself**].
                 같은 주어

❷ **Spanish** was very difficult [*for* our students {**to learn**}].
                     다른 주어

❸ It was silly [*of* **Blake** {**to spend all his money on gambling**}].

❶ [Annie = Ø] ➡ 의미상 주어를 따로 표현하지 않음
❷ [Spanish ≠ our students] ➡ 의미상 주어인 our students 표현
❸ silly ➡ Blake의 성격을 나타내므로 of가 의미상 주어 유도

❶ Annie는 혼자 힘으로 그 실험을 하기로 결심했다.　❷ 스페인어는 우리 학생들이 배우기에 매우 어려웠다.
❸ Blake가 도박에 가진 돈 전부를 탕진한 것은 어리석었다.

Point 3 주어, 목적어, 보어 역할

「to + 동사의 기본형」의 형태인 **to부정사**는 구를 이루어, 명사구처럼 문장의 주어, 동사의 목적어, 보어(주격 보어, 목적격 보어)의 역할을 할 수 있다.

❶ [**To eat healthy and exercise regularly**] is good for your health.
❷ Kevin flatly refused [**to discuss the matter**].
❸ This class encourages you [**to develop empathy for others**].
❹ Our task is [**to convey this knowledge to the students**].

❶ to부정사구 ➡ 주어
❷ to부정사구 ➡ 목적어
❸ to부정사구 ➡ 목적격 보어
❹ to부정사구 ➡ 주격 보어

❶ 건강에 이롭게 먹고 규칙적으로 운동하는 것은 건강에 좋다.　❷ Kevin은 그 문제를 논의하기를 단호하게 거절했다.
❸ 이 수업은 여러분이 다른 사람들에 대한 공감을 발현하도록 촉진한다.
❹ 우리가 해야 할 일은 이 지식을 그 학생들에게 전달하는 것이다.

Point 4 명사구 수식

to부정사구는 형용사구처럼 그 앞에 놓인 명사구를 수식할 수 있다.

---

❶ [Our city looks for **better ways** [**to reduce water pollution**].
　　　　　　　　　　　　　　　　　수식

❷ Now, we have **two classes** [**to choose from**].
　　　　　　　　　　　　　　수식

❸ Tolerance is **the willingness** [**to accept people unlike us**].
　　　　　　　　　　　　　　수식

● ~ ❸ to부정사구 ➡ 명사구 수식

❶ 우리 도시는 수질 오염을 줄이기 위한 더 좋은 방법을 찾고 있다.　❷ 이제, 우리에게는 선택할 수 있는 수업이 두 개가 남았다.　❸ 관용은 우리와 다른 사람들을 기꺼이 받아들이는 것이다.

Point 5 부사어구 역할

to부정사구는 부사어구처럼 목적('~하기 위하여'), 원인('~하게 되어서'), 판단의 근거('~하다니'), 결과('결국 ~하게 되다'), 조건('~이라면') 등을 나타낼 수 있다.

---

❶ Tom wrote this article [**to prove he was right**].

❷ We all were surprised [**to hear the news**].

❸ Susan must be stupid [**to refuse Jim's offer**].

❹ The boy grew [**to be a famous politician**].

❺ I'd be glad [**for you to accept my offer**].

---

❶ 목적
❷ 원인
❸ 판단의 근거
❹ 결과
❺ 조건

❶ Tom은 자신이 옳다는 것을 입증하기 위해 이 기사를 썼다.　❷ 우리 모두는 그 소식을 듣고 놀랐다.
❸ Jim의 제안을 거절하다니 Susan은 분명히 어리석다.　❹ 그 소년은 자라서 유명한 정치인이 되었다.
❺ 여러분이 나의 제안을 받아들인다면 나는 기쁠 것이다.

Point 6 to가 없는 부정사구

지각동사(see, watch, hear 등)와 사역동사(make, have, let)는 목적어 다음에 목적격 보어를 필요로 하는 동사인데, 목적격 보어 역할을 하는 부정사구의 형태는 to가 없는 부정사구이다. 「All X has to do is ~」나 「What X can do is ~」와 같은 강조 구문의 주격 보어도 흔히 to가 없는 부정사구이다.

---

❶ I **saw** James [**put the keys in his pocket**].
　　지각동사　　　　　　목적격 보어

❷ Prejudice can **make** you [**treat others cruelly**].
　　　　　　　사역동사　　　　목적격 보어

❸ [**All you have to do**] is [**share your experience, strength, and hope**].
　　　　　　　　　　　　　　　　　　주격 보어

---

❶ to put the keys in his pocket (X)
❷ to treat others cruelly (X)
❸ to share your experience, ~도 가능

❶ 나는 James가 자기 호주머니에 열쇠를 넣는 것을 보았다.　❷ 편견은 여러분이 다른 사람들을 가혹하게 대하게 할 수 있다.　❸ 여러분이 해야 할 일은 여러분의 경험, 장점, 그리고 희망을 공유하는 것이다.

1 다음 글의 밑줄 친 부분 중, 어법상 틀린 것은?

○ 8852-0025

Words & Expressions

favor 부탁
accomplish 이루다, 달성하다
dresser 드레서(옷을 보관하는 데 사용되는 서랍이 달린 침실용 가구)
uneven 고르지 않은, 공평하지 않은
paycheck 급료
obligate 의무를 지우다
repayment 상환
connote 함축하다, 내포하다
literal 글자 그대로의
violate 어기다
norm 규범
disapproval 반감

The norm of reciprocity creates one of the great benefits of social life. If you do me a favor today, you have the right ①to expect a favor from me tomorrow. Those traded favors allow us ②to accomplish tasks we could not do alone (moving a heavy dresser, for example) and help us all survive through uneven times (buy me lunch today when I'm broke, and I'll buy you lunch when my paycheck comes in). Through the obligated repayment of gifts, favors, and services, people become ③connected to one another in ongoing relationships. The future reach of this obligation is nicely connoted in a Japanese word for thank you, *sumimasen*, which means "this will not end" in its literal form. Anyone who violates the norm by taking without giving in return ④invites social disapproval and risks the relationship. Most people feel uncomfortable receiving without giving in return because they don't want ⑤to label as "takers" or "moochers."

*reciprocity 호혜(互惠) **moocher 빌붙는 사람, 거지

Tutor You

■ 9행 : The future reach of this obligation is nicely connoted in a Japanese word for thank you, *sumimasen*, [which means "this will not end" in its literal form].

[ ]로 표시된 부분 ➡ 선행사 *sumimasen*을 부가적으로 설명 (해석: 그 말은 글자 그대로 하면 '이것이 끝나지 않을 것이다'를 의미한다)

2 (A), (B), (C)의 각 네모 안에서 어법에 맞는 표현으로 가장 적절한 것은? ○ 8852-0026

Words & **Expressions**

pursue 추구하다
awareness 인식
regard 고려
consequence 결과
establish 설정하다, 마련하다
boundary 경계
scary 겁나는
accept 받아들이다
responsibility 책임

Many of us are eager to exercise our power to choose. We want to have it our way and decide which options we pursue, sometimes without awareness of or regard for the consequences. In fact, we are (A) taught / teaching at an early age about our freedom and what we can do and what others can and cannot do to or for us. This is very helpful to us as we grow and develop as citizens and helps us (B) establish / established boundaries for ourselves and for others in relationship to us. This, of course, is the easy and often most exciting part of freedom. The more challenging and sometimes scary part of freedom is accepting responsibility for the consequences that result from our choices. However, it is clear that we are best served when we exercise our right (C) choose / to choose our own future and take responsibility for what happens to us as a result.

	(A)		(B)		(C)
①	taught	······	establish	······	choose
②	taught	······	establish	······	to choose
③	teaching	······	establish	······	choose
④	teaching	······	established	······	to choose
⑤	teaching	······	established	······	choose

Tutor You

■ 9행 : The more challenging and sometimes scary part of freedom is [accepting responsibility for the consequences {that result from our choices}].

{ }로 표시된 부분 ➡ 선행사인 the consequences를 수식하는 관계절 (해석: 우리의 선택에서 비롯되는)

[ ]로 표시된 부분 ➡ 동명사구로 is의 주격 보어 (해석: ~결과를 받아들이는 것)

Day 11 동명사구

Point 1 동명사 = 동사 + -ing

동명사구는 동명사를 핵심 요소로 하여, 필요에 따라 목적어, 보어, 부사어구, 의미상 주어 등이 포함될 수 있다.

> ❶ Jack is considering [{becoming} {a psychologist} {in the future}].
>   동명사   보어   부사어구
>
> ❷ Chris is proud of [{his brother} {winning} {the prize} {in the race}].
>   의미상 주어   동명사   목적어   부사어구

❶ 동명사구 ➡ [동명사(V-ing) + 보어 + 부사어구]
❷ 동명사구 ➡ [의미상 주어 + 동명사(V-ing) + 목적어 + 부사어구]

❶ Jack은 장차 심리학자가 되려고 생각하고 있다.
❷ Chris는 자기 동생이 경주에서 상을 받은 것을 자랑스러워한다.

Point 2 동명사구의 동사적 성질

동명사는 동사의 성질을 유지하므로 앞에 부정어를 더할 수 있고, 완료나 수동태를 나타낼 수도 있다.

> ❶ We were worried about [not {having enough volunteers}].
>   부정어   동명사구
>
> ❷ David is ashamed of [having been gambling all night].
>   완료형 동명사
>
> ❸ [Being deceived] can make someone feel angry.
>   수동형 동명사

❶ not의 위치 ➡ 동명사구 앞
❷ 시간 관계 ➡ '부끄러워함' 〈 '밤새 도박'
❸ 의미상 주어 someone ➡ 속이는 동작(deceive)의 대상

❶ 우리는 충분한 자원봉사자를 가지지 못한 것에 대해 걱정했다. ❷ David는 밤새 도박을 했던 것에 대해 부끄러워하고 있다. ❸ 속임을 당하는 것은 누군가의 기분을 화나게 만들 수 있다.

Point 3 동명사구 vs. to부정사구

동사 avoid, consider, enjoy, finish, stop, suggest 등은 동명사구만을 목적어로 취하고, 동사 decide, refuse, expect, hope, promise 등은 to부정사구만을 목적어로 취한다. 둘 다 목적어로 취하는 동사도 있다. 동사 begin, continue, love, like, start 등은 어느 것을 목적어로 취하더라도 의미 차이가 없지만, forget, remember, regret 등은 의미 차이가 있다.

> ❶ They avoided [sitting next to Mark].
> ❷ We decided [to start a business together].
> ❸ Michael began [learning / to learn how to play tennis].
> ❹ I'll never forget [hearing this song for the first time].
> ❺ Don't forget [to call me when you leave].

❶ avoid ➡ 동명사구 목적어
❷ decide ➡ to부정사구 목적어
❸ begin ➡ 목적어로 둘 다 가능. 의미 차이 없음
❹~❺ forget ➡ 목적어로 둘 다 가능. 의미 차이 있음
동명사구 '(과거에) ~한 것'
to부정사구 '(앞으로) ~할 것'

❶ 그들은 Mark 옆에 앉는 것을 피했다. ❷ 우리는 함께 사업을 시작하기로 결정했다.
❸ Michael은 테니스를 치는 법을 배우기 시작했다. ❹ 나는 처음으로 이 노래를 들었던 것을 결코 잊지 못할 것이다.
❺ 떠날 때 내게 전화할 것을 잊지 마라.

Point 4 주어 역할

동명사구는 문장의 주어 역할을 할 수 있다.

❶ [**Keeping houseplants**] helps purify the air.
　　　동명사구

❷ [**Learning to use multiple senses**] helps increase retention.
　　　　동명사구

❸ [**Blaming others for your failures**] prevents you from learning from them.
　　　　동명사구

❶ Keeping houseplants
　➡ 문장의 주어
❷ Learning to use multiple senses
　➡ 문장의 주어
❸ Blaming others for your failures
　➡ 문장의 주어

❶ 화초를 기르는 것은 공기를 정화하는 데 도움이 된다.
❷ 복수의 감각을 사용하는 것을 배우는 것은 기억력을 향상하는 데 도움이 된다.
❸ 자신의 실패에 대해 다른 사람들을 비난하는 것은 여러분이 그것들로부터 배우는 것을 막는다.

Point 5 목적어 역할

동명사구는 동사나 전치사의 목적어 역할을 할 수 있다.

❶ The coach **considers** [**giving Harry more playing time**].
　　　　　　동사　　　　　　　　　동명사구

❷ Some people are not interested **in** [**learning new languages**].
　　　　　　　　　　　　　　전치사　　　　동명사구

❶ giving Harry more playing time
　➡ 동사 considers의 목적어
❷ learning new languages
　➡ 전치사 in의 목적어

❶ 그 코치는 Harry에게 더 많은 경기 출전 시간을 줄 것을 고려하고 있다.
❷ 어떤 사람들은 새로운 언어를 배우는 데 관심이 없다.

Point 6 보어 역할

동명사구는 주어의 특성을 설명하는 주격 보어 역할을 할 수 있다.

❶ One of the most difficult things in life is [**accepting changes**].
　　　　　　　　　　　　　　　　　　　　　동명사구

❷ The key to happiness is [**having a satisfying job**].
　　　　　　　　　　　　　동명사구

❶ accepting changes
　➡ is의 주격 보어
❷ having a satisfying job
　➡ is의 주격 보어

❶ 인생에서 가장 어려운 것들 중의 하나는 변화를 받아들이는 것이다.
❷ 행복의 비결은 만족스러운 직업을 갖는 것이다.

1 다음 글의 밑줄 친 부분 중, 어법상 틀린 것은?　　🔊 8852-0027

Words & Expressions

conform to ~에 순응하다
majority 다수
position 입장
generate 일으키다
conformity 순응, 복종
ambiguous 모호한, 애매한
constantly 항상
opinion 의견
disorientation 방향 감각 상실
tactics 술책
exhaustion 극도의 피로
deprivation 박탈
confusion 혼란
tendency 성향, 경향
defer to ~의 의견을 따르다

　　People feel unsure of themselves when the task they face ①is difficult to solve. Hence, when researchers at Wayne State University gave students the opportunity ②to conform to the majority position on the answers to math problems, the problems
5 that generated the most conformity were those that were most difficult to solve. In many cults, ③know what to believe at any given moment is also a difficult problem to solve because the answer is based on the ambiguous and constantly changing opinions of the leaders. In addition, cult groups often add to their
10 members' sense of disorientation by ④using tactics such as exhaustion and sleep deprivation that create mental confusion. As Steve Hassan reports, "in such an environment, the tendency within most people is ⑤to doubt themselves and defer to the group."

*cult 추종

Tutor You

■ 4행 : ~, **[the problems {that generated the most conformity}]** were those that were most difficult to solve.

{ }로 표시된 부분 ➡ 선행사인 the problems를 수식하는 관계절 (해석: 가장 많은 순응을 일으킨)

[ ]로 표시된 부분 ➡ 주어 역할을 하는 명사구 (해석: 가장 많은 순응을 일으킨 문제들)

2 (A), (B), (C)의 각 네모 안에서 어법에 맞는 표현으로 가장 적절한 것은? ⊙ 8852-0028

Words & Expressions

sustainability 지속 가능성
impact 영향을 끼치다
control 통제하다
maintain 유지하다
existence 생활, 생계
up to ~에게 달려 있는
corporation 회사
preserve 보존하다
generation 세대

Sustainability is the balance between people and the environment. Air, water, and land are all impacted by the behavior and actions of human beings, but these impacts can be (A) controlled / controlling so they do not cause as much damage while allowing all involved to maintain a comfortable existence. The art of sustainable living is the ability to support communities today without jeopardizing the environment for tomorrow. (B) Maintain / Maintaining sustainability isn't just up to corporations and governments, however; individuals bringing it into their everyday lives make an impact. Sustainability is (C) made / making decisions with a new set of values—not a value set that hangs over your head like a cloud, but an understanding that there's a great deal you can do to preserve the environment for future generations while providing for yourself today.

*jeopardize 위태롭게 하다

	(A)		(B)		(C)
①	controlled	……	Maintain	……	making
②	controlled	……	Maintaining	……	making
③	controlled	……	Maintaining	……	made
④	controlling	……	Maintaining	……	made
⑤	controlling	……	Maintain	……	made

Tutor You

■ 6행 : The art of sustainable living is **[the ability {to support communities today without jeopardizing the environment for tomorrow}]**.

{ }로 표시된 부분 ➡ the ability를 수식하는 to부정사구 (해석: ~ 오늘 공동체를 지탱할 수 있는)

[ ]로 표시된 부분 ➡ is의 보어 역할을 하는 명사구 (해석: ~ 오늘 공동체를 지탱할 수 있는 능력)

○ 8852-0029

다음 글의 밑줄 친 부분 중, 어법상 틀린 것은?   2017년 3월 고1 학평 28번

Take time to read the comics. This is worthwhile not just because they will make you laugh but ①because they contain wisdom about the nature of life. *Charlie Brown* and *Blondie* are part of my morning routine and help me ②to start the day with a smile. When you read the comics section of the newspaper, ③cutting out a cartoon that makes you laugh. Post it wherever you need it most, such as on your refrigerator or at work — so that every time you see it, you will smile and feel your spirit ④lifted. Share your favorites with your friends and family so that everyone can get a good laugh, too. Take your comics with you when you go to visit sick friends ⑤who can really use a good laugh.

Words & Expressions

comics (신문의) 만화, 만화책
routine 일과
spirit 기분, 기운

worthwhile 가치가 있는
cut out ～을 잘라 내다
lift 고양하다

contain 담다, 포함하다
post 붙이다, 게시하다

기출 예제 **관찰과 해결**

❸ 주어와 술어 ⇒ 술어동사의 시제 표시 (☞ Day 1, Point 5)

When you read ~, [**cutting** out a cartoon that makes you laugh].

관찰 ····· when절 + [ ]

적용 ····· [ ]는 주절이고 주어는 when절의 주어 you와 같아야 함

　　　　 [ ]의 주어는 함축된 것으로 파악

해결 ····· 명령문이므로 주절 술어동사를 cut으로 고쳐야 함

① 대등한 연결 ⇒ 상관접속사에 의한 연결 (☞ Day 19, Point 4)

~ **not just** [because they will ~] **but** [because they contain ~].

관찰 ····· 「not just X but Y」구문

적용 ····· X와 Y의 지위가 같아야 함

해결 ····· X와 Y 둘 다 because절이므로 적절한 요소

② to부정사구 ⇒ 보어 역할 (☞ Day 10, Point 3)

Charlie Brown and *Blondie* ~ and **help** me [**to start** the day with a smile].

관찰 ····· 이 문맥의 동사 help는 목적어와 목적격 보어가 필요

적용 ····· [ ]는 me를 보완하는 목적격 보어

해결 ····· help는 (to)부정사구를 목적격 보어로 취하기 때문에 적절한 형태

④ 분사구 ⇒ 보어 역할 (☞ Day 8, Point 2)

~, you will smile and **feel** your spirit **lifted**.

관찰 ····· 이 문맥의 동사 feel은 목적어와 목적격 보어가 필요

적용 ····· lifted는 your spirit을 보완하는 목적격 보어

해결 ····· spirit은 동사 lift의 영향을 입는 대상이므로 lifted는 적절한 형태

⑤ 관계절 I ⇒ 주어 역할의 관계사 (☞ Day 13, Point 3)

~ when you go to visit **sick friends** [**who** can really use a good laugh].

관찰 ····· [ ]는 sick friends를 수식하는 관계절

적용 ····· 관계사는 [ ] 안에서 주어 역할

해결 ····· 선행사가 사람이고 관계절 안에서 주어 역할을 하므로 who는 적절

출제경향　　　　　　　　　　　　　　　　**학습대책**

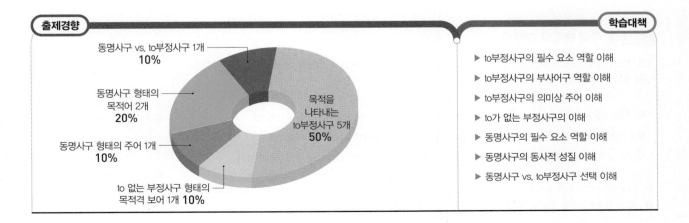

- 동명사구 vs. to부정사구 1개 10%
- 동명사구 형태의 목적어 2개 20%
- 동명사구 형태의 주어 1개 10%
- to 없는 부정사구 형태의 목적격 보어 1개 10%
- 목적을 나타내는 to부정사구 5개 50%

▶ to부정사구의 필수 요소 역할 이해

▶ to부정사구의 부사어구 역할 이해

▶ to부정사구의 의미상 주어 이해

▶ to가 없는 부정사구의 이해

▶ 동명사구의 필수 요소 역할 이해

▶ 동명사구의 동사적 성질 이해

▶ 동명사구 vs. to부정사구 선택 이해

Day 13 관계절 I

Point 1 관계절의 기본 형태

관계절은 「관계사(who, which, that 등) + 절」로 이루어지며, 그 앞에 놓인 명사구(선행사)를 수식하거나 추가로 설명한다. 관계사는 관계절의 주어나 목적어 위치에서 절의 맨 앞으로 이동한 것이므로, 관계절의 주어나 목적어 자리는 반드시 비어 있어야 한다(빈자리는 △로 표시).

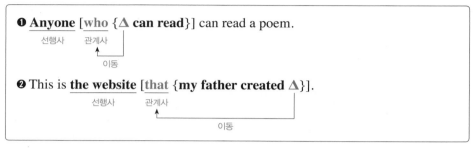

❶ Anyone [who {△ can read}] can read a poem.
　선행사　관계사
　　　　이동

❷ This is the website [that {my father created △}].
　　　선행사　　관계사
　　　　　　이동

❶ 관계사 who ➡ 관계절 안에서 주어 역할
❷ 관계사 that ➡ 관계절 안에서 created의 목적어 역할

❶ 읽을 수 있는 사람은 누구라도 시를 읽을 수 있다.
❷ 이것은 나의 아버지께서 만드신 웹사이트이다.

Point 2 관계절의 기능

관계절은 그 앞에 놓인 명사구(선행사)를 수식하여 그 선행사의 의미를 제한하거나, 선행사의 의미를 제한하지 않고 그것에 대해 추가적인 설명을 할 수 있다.

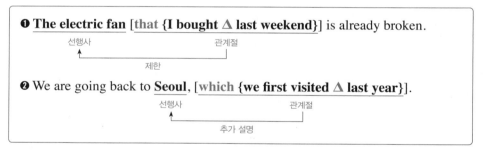

❶ The electric fan [that {I bought △ last weekend}] is already broken.
　　선행사　　　　　　　관계절
　　　　　제한

❷ We are going back to Seoul, [which {we first visited △ last year}].
　　　　　선행사　　　　　　　　　관계절
　　　　　　추가 설명

❶ 관계절 ➡ 선행사 The electric fan의 의미를 제한
❷ 관계절 ➡ 선행사 Seoul에 대해 추가로 설명

❶ 내가 지난 주말에 구입한 선풍기는 이미 고장 났다.
❷ 우리는 서울로 돌아갈 것인데, 그곳을 우리는 작년에 처음으로 방문했다.

Point 3 주어 역할의 관계사

관계사는 관계절 안에서 주어 역할을 할 수 있다. 수식을 받는 선행사의 종류에 따라 who(사람), which(사물), that(사람이나 사물)이 사용된다.

❶ The monk [who {△ lived in the temple}] was angry with the event.
❷ I will create a life [which {△ pursues a different kind of success}].
❸ It contains dangerous materials [that {△ damage the environment}].

❶ 관계사 who ➡ 관계절 안에서 주어 역할
❷ 관계사 which ➡ 관계절 안에서 주어 역할
❸ 관계사 that ➡ 관계절 안에서 주어 역할

❶ 그 사원에서 살고 있는 수사는 그 사건에 화가 났다.　❷ 나는 다른 종류의 성공을 추구하는 삶을 이룩할 것이다.
❸ 그것은 환경에 피해를 입히는 위험한 물질을 포함하고 있다.

Point 4 목적어 역할의 관계사

관계사는 관계절 안에서 동사나 전치사의 목적어 역할을 할 수 있다. 수식을 받는 선행사의 종류에 따라 who(m)(사람), which(사물), that(사람이나 사물)이 사용된다.

> ❶ Mark is **the man** [**who(m)** {**Annie fell in love with** △}].
> ❷ You can find **the websites** [**which** {**you visited** △ **on your computer**}].
> ❸ **The weather** [**that** {**we had** △ **this summer**}] was beautiful.

❶ 관계사 who(m) ➡ 관계절 안에서 전치사 with의 목적어
❷ 관계사 which ➡ 관계절 안에서 동사 visited의 목적어
❸ 관계사 that ➡ 관계절 안에서 동사 had의 목적어

❶ Mark는 Annie가 사랑에 빠진 남자이다.
❷ 여러분은 자신의 컴퓨터에서 방문했던 웹사이트를 찾을 수 있다.
❸ 올 여름에 우리가 겪었던 날씨는 아주 좋았다.

Point 5 전치사를 수반한 관계사

관계사가 관계절 안에서 전치사의 목적어 역할을 할 때, 전치사가 관계사 앞으로 이동할 수 있다.

> ❶ This is **the pen** [**with which** {**Hemingway wrote the novel** ~~with~~}].
> 　　　　　　　　　　　　└──────────이동──────────┘
> ❷ **The home** [**in which** {**I grew up** ~~in~~}] holds valuable memories for me.
> 　　　　　　└──────이동──────┘
> ❸ Susan met **Alex**, [**for whom** {**she no longer has any feelings** ~~for~~}].
> 　　　　　　└──────────이동──────────┘

❶ ~ ❸ 전치사의 이동 ➡ 관계절 안에서 관계사 앞으로 이동

❶ 이것은 Hemingway가 그 소설을 쓴 펜이다.
❷ 내가 성장한 그 집은 나에 대한 소중한 추억을 담고 있다.
❸ Susan은 Alex를 만났는데, 그녀는 그에 대해 더 이상 어떤 감정도 가지고 있지 않다.

Point 6 관계사 whose

관계사 whose는 관계절 안에서 뒤에 놓인 명사를 한정하여 그 명사와 선행사 사이의 소유 관계를 나타낸다.

> ❶ **The woman** [**whose TV show** {**we love** △}] is a nun.
> ❷ **The farmer**, [**whose name** {△ **was Tim**}], brought us food and drink.

❶ 관계사 whose ➡ 관계절 안에서 TV show의 소유자를 나타냄
❷ 관계사 whose ➡ 관계절 안에서 name의 소유자를 나타냄

❶ 우리가 아주 좋아하는 TV 프로그램의 그 여자는 수녀이다.
❷ 그 농부는 이름이 Tim이었는데, 우리에게 음식물을 가져다주었다.

1 다음 글의 밑줄 친 부분 중, 어법상 틀린 것은?

○ 8852-0034

The owner of a travel bureau has built a successful business by promoting specialty ecotourism packages to wealthy clients ① who are interested in visiting exotic environments and cultures. She reads an article concerning a tourist destination in Morocco
5 ② where is both extremely popular with her clients and profitable for her business. The article chronicles the ③ devastating effect of tourism on Berber culture in Morocco. In the village of Imilchil, an annual engagement ritual takes place ④ in which thousands of young Berber men and women come together to find their life
10 partners. At the end of the colorful 3-day festival several hundreds of young couples are married. Unfortunately, the Berbers are a private people and the presence of several hundred visitors ⑤ has drastically reduced the number of young people attending the festival. In 2001, only four couples were married. Thanks to
15 tourism, a significant part of this culture is rapidly disappearing.

Words & Expressions

travel bureau 여행사
promote 홍보하다
specialty 특별품, 신제품
ecotourism 생태 관광
exotic 이국적인
tourist destination 관광지
profitable 수익성이 있는
chronicle (연대순으로) 기록하다
devastating 대단히 파괴적인
engagement 약혼
ritual 의식
take place 개최되다
private 비사교적인
drastically 급격하게
significant 중요한, 의미 있는

Tutor You

■ 12행 : ~ and the presence of several hundred visitors has drastically reduced **[the number of young people {attending the festival}]**.

{ }로 표시된 부분 ➡ 명사구인 young people을 수식 (해석: 그 축제에 참가하는)

[ ]로 표시된 부분 ➡ 핵심 요소가 number인 명사구 (해석: 그 축제에 참가하는 젊은이들의 수)

2 (A), (B), (C)의 각 네모 안에서 어법에 맞는 표현으로 가장 적절한 것은? ◎ 8852-0035

Words & Expressions

intensity 집중
perceive 인식하다
competition 경기, 시합
opponent 상대, 적수
reset 다시 설정하다
perception 인식
shift 옮기다
motivation 동기
outcome 결과
aspect 측면
maintain 유지하다
maximize 극대화하다
tactic 전술
alter 바꾸다
internally 내적으로
elevate 높이다

Athletes' intensity can be affected by how they perceive the importance of the competition and the difficulty of the opponent. Athletes (A) who / whose see little importance in the competition may experience underintensity, and poor performance
5 is likely to follow. In such instances, the athlete needs to raise the personal importance of the competition by finding value in the competition and resetting his competitive goals according to those new perceptions. If the competition isn't seen as important or the opponents aren't viewed as challenging, then athletes need to shift
10 their motivation and focus from the outcome to other aspects of the competition (B) that / whom will maintain intensity and maximize performance, such as working on new technique or tactics. By altering their perceptions about the competition and changing their goals in a way (C) how / that will challenge and
15 motivate them, athletes can internally elevate their intensity and maintain a high level of performance.

	(A)		(B)		(C)
①	who	⋯⋯	that	⋯⋯	how
②	who	⋯⋯	whom	⋯⋯	how
③	who	⋯⋯	that	⋯⋯	that
④	whose	⋯⋯	whom	⋯⋯	that
⑤	whose	⋯⋯	that	⋯⋯	that

Tutor You

■ 5행 : ~, the athlete needs to raise the personal importance of the competition **[by {finding value in the competition} and {resetting his competitive goals according to those new perceptions}]**.

첫 번째 { } ➡ 동명사구로 by의 목적어 (해석: 경기에서 가치를 찾음)

두 번째 { } ➡ 앞에 있는 동명사구와 and로 연결됨 (해석: 그 새로운 인식에 따라 자신의 경쟁 목표를 재설정함)

[ ]로 표시된 부분 ➡ 두 개의 동명사구를 목적어로 취하는 전치사구 (해석: ~함으로써)

Day 14 관계절 Ⅱ

Point 1 관계사 which의 선행사

선행사에 대해 추가 설명을 하는 관계절을 이끄는 관계사 which는 명사구뿐만 아니라 동사구, to부정사구, 절 등을 선행사로 취할 수 있다.

❶ **Peter won the competition**, [**which surprised everyone**].
　　　　선행사　　　　　　　　　　　　　관계절
　　　　　　↑_____추가 설명_____|

❷ **Relaxation activates our right brain**, [**which makes us more creative**].
　　　　선행사　　　　　　　　　　　　　　관계절
　　　　　　↑_____추가 설명_____|

❶ Peter는 경기에서 이겼는데, 그것은 모든 사람을 놀라게 했다.
❷ 휴식은 우뇌를 활성화하는데, 그것은 우리를 더 창의적이게 한다.

> ❶ which의 선행사 ➡ 주절 Peter won the competition
> ❷ which의 선행사 ➡ 주절 Relaxation activates our right brain

Point 2 관계사의 생략

관계절 안에서 목적어 역할을 하는 관계사는 생략할 수 있다.

❶ **The couple** [(whom) {I met △ at the airport}] were very kind.
❷ I haven't read **the book** [(that) {you gave me △ for my birthday}].
❸ I haven't seen **the movie** [(which) {you were talking about △}].

❶ 내가 공항에서 만난 커플은 매우 친절했다.
❷ 나는 네가 내 생일 선물로 준 책을 읽지 못했다.
❸ 나는 네가 말하던 영화를 보지 못했다.

> ❶ whom ➡ 관계절 안에서 동사 met 의 목적어 역할
> ❷ that ➡ 관계절 안에서 동사 gave 의 직접목적어 역할
> ❸ which ➡ 관계절 안에서 전치사 about의 목적어 역할

Point 3 선행사 포함 관계사

관계사 what, when, where, why, how는 선행사를 포함한 관계사로, 관계사의 역할과 함께 명사절을 유도하는 역할을 할 수 있다.

❶ [**What Bob wanted**] was a few days' rest.
❷ April is [**when the flowers start to bloom**].
❸ This village is [**where Thomas Hardy penned his first novel**].
❹ That's [**why you do exercise to build up your muscles**].
❺ That's [**how the machine works**].

❶ Bob이 원한 것은 바로 며칠간의 휴식이었다.
❷ 4월은 꽃이 피기 시작하는 때이다.
❸ 이 마을은 Thomas Hardy가 자신의 첫 번째 소설을 쓴 곳이다.
❹ 그것이 여러분이 근육을 강화하기 위해 운동을 하는 이유이다.
❺ 그것이 그 기계가 작동하는 방식이다.

> ❶ What ~ ➡ The thing that ~
> ❷ when ~ ➡ the time when ~
> ❸ where ~ ➡ the place where ~
> ❹ why ~ ➡ the reason why ~
> ❺ how ~ ➡ the way that ~

Point 4 부사어구 역할의 관계사

관계절 안에서 주어와 목적어 같은 필수 요소가 아닌, 부사어구처럼 선택 요소 역할을 하는 관계사는 where, when, why 등이다.

> ❶ The woman is from **a country** [**where** {**English isn't used △**}].
> ❷ In our country, March is **the month** [**when** {**school begins △**}].
> ❸ I don't know **the reason** [**why** {**Martin is angry at me △**}].

❶ △ ➡ 장소의 부사어구 빈자리
❷ △ ➡ 시간의 부사어구 빈자리
❸ △ ➡ 이유의 부사어구 빈자리

❶ 그 여자는 영어가 쓰이지 않는 나라 출신이다.
❷ 우리나라에서, 3월은 학교가 시작하는 달이다.
❸ 나는 Martin이 내게 화난 이유를 알지 못한다.

Point 5 X-ever 형태의 관계사

관계사(who(m), which, what 등)가 ever와 결합하여 만들어진 복합관계사는 선행사를 포함한 관계사로서 명사절을 이끌거나, 양보를 나타내는 부사절을 이끌 수 있다.

> ❶ [**Whoever** {**△ leaves last**}] should turn off the lights.
> ❷ [**Whatever** {**△ happened between Tom and me**}] is none of your business.
> ❸ [**Whatever** {**you say △**}], I'm not going to change my opinion.
> ❹ [**Wherever** {**Ellie may go △**}], good luck follows.

❶ Whoever ~ ➡ Anyone [who ~]
  (문장의 주어 역할)
❷ Whatever ~ ➡ Anything [that ~]
  (문장의 주어 역할)
❸ Whatever ~ ➡ No matter what
  ~ (양보의 부사절)
❹ Wherever ~ ➡ No matter where
  ~ (양보의 부사절)

❶ 마지막으로 떠나는 사람은 누구라도 불을 꺼야 한다.
❷ Tom과 나 사이에 일어난 일이 무엇이든지 네가 알 바 아니다.
❸ 네가 뭐라고 말하든, 나는 내 의견을 바꾸지 않을 것이다.
❹ Ellie가 어디에 가든, 행운이 뒤따른다.

Point 6 관계절 vs. 명사절

첫째, 관계절은 핵심 요소가 관계사이지만 명사절은 핵심 요소가 접속사이다. 둘째, 관계절은 선행사를 수식하는 역할을 하지만 명사절은 문장의 주어, 목적어, 보어 등과 같은 필수 요소 역할을 한다. 셋째, 관계절 안에는 주어나 목적어 같은 필수 요소가 비어 있지만 명사절 안에는 필수 요소가 모두 갖춰져 있다.

> ❶ School violence is **a problem** [**that** {**△ needs to be addressed**}].
>
>
>
> ❷ We **accepted** [**that** {**we had made a mistake**}].
>   동사   명사절

❶ a problem 수식, 안에 주어 위치가
  빈자리인 that절 ➡ 관계절
❷ accepted의 목적어, 필수 요소가
  모두 갖춰진 that절 ➡ 명사절

❶ 학교 폭력은 처리해야 할 문제이다.
❷ 우리는 우리가 실수했다는 것을 인정했다.

1 다음 글의 밑줄 친 부분 중, 어법상 <u>틀린</u> 것은?   ⏺ 8852-0036

Words & Expressions

therapist 치료사
acceptance 용인, 수락
evaluation 평가
commentary 논평, 비평
figuratively 비유적으로
self-awareness 자아 인식
unique 독특한
extent 정도
generate 발생시키다, 만들어
내다
core 핵심

Through play and child therapist's use of a child-led, child-centered approach, a child can begin to experience ① <u>complete</u> acceptance and permission to be himself without the fear of judgment, evaluation, or pressure to change. Through a
5 commentary on the child's play, the therapist provides a mirror, figuratively speaking, by ② <u>which</u> the child can understand inner thoughts and feelings and develop an inner self-awareness. Play can also provide the opportunity for the child ③ <u>to realize</u> the power within to be an individual in one's own right, to think for
10 oneself, make one's own decisions, and discover oneself. Since this is often a unique experience, Meares noted that the field of play is ④ <u>where</u>, to a large extent, a sense of self is generated. He concluded that play with an attuned adult present is where experiences are generated that become the core of ⑤ <u>which</u> we
15 mean by personal selves.

*attuned 익숙해진

Tutor You

■ 13행 : ~ play with an attuned adult present is where experiences are generated **[that become the core of what we mean by personal selves]**.

[ ]로 표시된 부분 ➡ 선행사 experiences를 수식하는 관계절 (해석: 개인적 자아가 의미하는 것의 핵심이 되는)

2 (A), (B), (C)의 각 네모 안에서 어법에 맞는 표현으로 가장 적절한 것은? ◯ 8852-0037

If the social world were simpler, we could just trust our eyes and ears to tell us why people act the way they do. But research on self-presentation and social cognition teaches us (A) that / what our eyes and ears don't always take in the full story. Not only do other people try to hide their own motives in very skillful ways, but in turn our own minds often distort, oversimplify, or deny (B) that / what we see and hear. If we could clear away all these cognitive and motivational biases, there would still be our limited perceptual capacities and the constraints of reality to add confusion. Even a microscope won't allow us to see how different genes interact with one another and with earlier life experiences to affect how different people respond to their everyday social encounters. Persons and situations interact in highly complex and reciprocal ways (C) how / that can make the search for causal relationships extremely difficult.

*reciprocal 상호적인

Words & Expressions

self-presentation 자기 표현
cognition 인식
take in ~을 받아들이다
motive 동기
in turn 결국
distort 왜곡하다
oversimplify 지나치게 단순화하다
bias 편견
perceptual 지각의
constraint 제약
confusion 혼란, 혼동
microscope 현미경
gene 유전자
encounter 만남
causal 인과 관계의

	(A)		(B)		(C)
①	that	......	that	......	how
②	that	......	what	......	that
③	that	......	what	......	how
④	what	......	what	......	that
⑤	what	......	that	......	that

Tutor You

- 4행 : **[Not only do other people try]** to hide their own motives in very skillful ways, but ~.
  [ ]로 표시된 부분 ➡ 부정어구로 문장이 시작되어 '조동사 + 주어 + 본동사'의 어순이 됨 (해석: 다른 사람들은 ~하려고 노력할 뿐만 아니라)

🔘 8852-0038

기출 예제

(A), (B), (C)의 각 네모 안에서 어법에 맞는 표현으로 가장 적절한 것은?   2017년 9월 고2 학평 29번

English speakers have one of the simplest systems for describing familial relationships. Many African language speakers would consider it absurd to use a single word like "cousin" to describe both male and female relatives, or not to distinguish whether the person (A) described / describing is related by blood to the speaker's father or to his mother. To be unable to distinguish a brother-in-law as the brother of one's wife or the husband of one's sister would seem confusing within the structure of personal relationships existing in many cultures. Similarly, how is it possible to make sense of a situation (B) which / in which a single word "uncle" applies to the brother of one's father and to the brother of one's mother? The Hawaiian language uses the same term to refer to one's father and to the father's brother. People of Northern Burma, who think in the Jinghpaw language, (C) has / have eighteen basic terms for describing their kin. Not one of them can be directly translated into English.

	(A)		(B)		(C)
①	described	‥‥‥	which	‥‥‥	have
②	described	‥‥‥	in which	‥‥‥	has
③	described	‥‥‥	in which	‥‥‥	have
④	describing	‥‥‥	which	‥‥‥	has
⑤	describing	‥‥‥	in which	‥‥‥	has

Words & Expressions

describe 묘사하다
apply to ~에 적용되다
kin 친족

absurd 불합리한
term 용어
translate 번역하다

confusing 혼란스러운
refer to ~을 지칭하다

기출 예제 🔍 관찰과 해결

(A) 분사구 ⇒ 명사(구) 수식 & 현재분사 vs. 과거분사 (☞ Day 8, Points 1, 3)

~ whether **the person** [described / describing] is related by blood ~.

관찰 ···· [   ]는 the person을 수식하는 분사구

적용 ···· the person은 동사 describe의 행위자가 아니라 영향이 미치는 대상

　　　　describing(행위자) vs. described(대상)

해결 ···· 과거분사 형태 described를 선택

(B) 관계절 I ⇒ 전치사를 수반한 관계사 (☞ Day 13, Point 5)

~ **a situation** [which / in which] {a single word "uncle" applies to ~}]?

관찰 ···· [   ]는 a situation을 수식하는 관계절

적용 ···· 관계사가 이끄는 {   }는 필수 요소를 모두 갖춘 완전한 절

해결 ···· 관계사 앞에 장소의 전치사가 수반된 in which를 선택

(C) 주어와 술어 ⇒ 주어와 술어동사 간 수의 일치 (☞ Day 1, Point 6)

[**People** of Northern Burma, ~], **has / have** eighteen basic terms ~.

관찰 ···· [   ]는 문장의 주어 역할을 하는 명사구

적용 ···· 명사구의 핵심 요소는 복수 형태의 명사 People

해결 ···· 복수 형태의 명사와 수일치를 하는 have를 선택

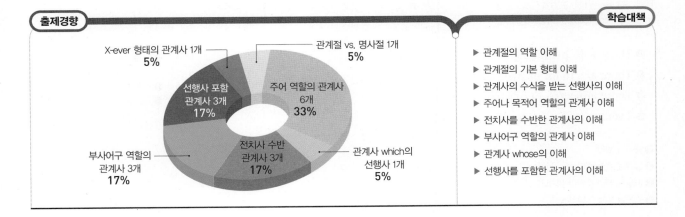

출제경향

- X-ever 형태의 관계사 1개 **5%**
- 관계절 vs. 명사절 1개 **5%**
- 선행사 포함 관계사 3개 **17%**
- 주어 역할의 관계사 6개 **33%**
- 부사어구 역할의 관계사 3개 **17%**
- 전치사 수반 관계사 3개 **17%**
- 관계사 which의 선행사 1개 **5%**

학습대책

▶ 관계절의 역할 이해
▶ 관계절의 기본 형태 이해
▶ 관계사의 수식을 받는 선행사의 이해
▶ 주어나 목적어 역할의 관계사 이해
▶ 전치사를 수반한 관계사의 이해
▶ 부사어구 역할의 관계사 이해
▶ 관계사 whose의 이해
▶ 선행사를 포함한 관계사의 이해

Day 16 문장의 어순 I

Point 1 부정어구로 시작된 문장

문장이 hardly, little, never, rarely 등과 같은 부정어구로 시작되거나 only의 수식을 받는 어구로 시작되면, 조동사나 be동사가 주어 앞에 놓인다. 이와 같은 어순 변화 현상을 주어와 조동사의 **도치**라고 부른다.

> ❶ [**Hardly ever**] **does Chandler come** to class on time.
> ❷ [**Under no circumstance**] **should this door be** locked.
> ❸ [**Only then**] **did I realize** that we cannot live alone.

❶ Chandler는 좀처럼 수업 시간을 엄수하지 않는다.
❷ 어떠한 일이 있어도 이 문을 잠그면 안 된다.
❸ 그때서야 나는 우리가 혼자서는 살 수 없다는 것을 깨달았다.

❶ Chandler comes
 ➡ does Chandler come
❷ this door should be
 ➡ should this door be
❸ I realized ➡ did I realize

Point 2 so, neither, nor로 시작된 문장

문장이 so, neither, nor 등과 같은 대용으로 시작되면 조동사나 be동사가 주어 앞에 놓이는 도치 현상이 일어난다.

> ❶ Chuck is leaving, and [**so am I**].
> ❷ Greg didn't walk his dog this evening, and [**neither did Craig**].
> ❸ They couldn't understand it at the time, and [**nor could we**].

❶ Chuck이 떠나려고 하는데, 나도 그렇다.
❷ Greg는 오늘 저녁에 자기 개를 산책시키지 않았는데, Craig도 그러지 않았다.
❸ 그들은 당시 그것을 이해할 수 없었는데, 우리도 그럴 수 없었다.

❶ I am ➡ am I
❷ Craig did ➡ did Craig
❸ we could ➡ could we

Point 3 there 구문

어떤 사람이나 사물의 존재를 나타내는 문장은 흔히 형식상 주어인 there로 시작되고, 내용상 주어는 동사 뒤에 놓인다. 이때 술어동사는 내용상 주어와 수일치를 한다. 이 구문의 대표적인 동사는 appear, be, emerge, exist, follow, remain 등이다.

> ❶ There **is** [a problem].
> ❷ There **are** [a lot of problems].
> ❸ There **emerged** [a new social group].
> ❹ There **remains** [a significant problem].

❶ 문제가 있다.
❷ 많은 문제가 있다.
❸ 새로운 사회 집단이 생겨났다.
❹ 중요한 문제가 남아 있다.

❶ ~ ❹ There ➡ 형식상 주어,
 [ ] ➡ 내용상 주어
❶ 내용상 주어[단수] ➡ 술어동사 is
❷ 내용상 주어[복수] ➡ 술어동사 are

Point 4 보어로 시작된 문장

문장이 주격 보어로 시작되면 주어는 흔히 be동사 뒤에 놓인다.

> ❶ [Even better] is [the view from the top].
> ❷ [Sitting on the table] was [Gary's photo album].

❶ 보어(형용사구) + be동사 + 주어
❷ 보어(분사구) + be동사 + 주어

❶ 훨씬 더 좋은 것은 정상에서 내려다보는 전망이다.
❷ 테이블 위에 놓여 있는 것은 Gary의 사진첩이었다.

Point 5 장소의 부사어구로 시작된 문장

문장이 위치나 방향 등의 장소를 나타내는 부사어구로 시작되면 주어는 흔히 동사 뒤에 놓인다. 술어동사는 뒤에 놓인 주어와 수일치를 한다.

> ❶ [Down into the cave] went [the guide and the tourists].
> ❷ [Near the railway station] stood [an old hotel].

❶ ~ ❷ 장소의 부사어구 + 동사 + 주어

❶ 동굴 속으로 가이드와 관광객들이 들어갔다.
❷ 철도역 가까이에 오래된 호텔이 서 있었다.

Point 6 구동사의 목적어

「동사 + 부사」로 이루어진 동사를 **구동사**라고 한다. 이러한 구동사가 대명사를 목적어로 취하면, 그 대명사는 반드시 동사와 부사 사이에 놓여야 한다. 구동사의 목적어가 다른 명사구일 때는 그런 제약이 없다.

> ❶ Shirley cleaned up [the kitchen] in the morning. (O)
> ❷ Shirley cleaned [the kitchen] up in the morning. (O)
> ❸ Shirley cleaned up it in the morning. (X)
> ❹ Shirley cleaned it up in the morning. (O)

❶ 동사 + 부사 + 명사구 ⇒ (O)
❷ 동사 + 명사구 + 부사 ⇒ (O)
❸ 동사 + 부사 + 대명사 ⇒ (X)
❹ 동사 + 대명사 + 부사 ⇒ (O)

❶ ~ ❷ Shirley는 아침에 부엌을 청소했다.
❸ ~ ❹ 의도: Shirley는 아침에 그것을 청소했다.

1 다음 글의 밑줄 친 부분 중, 어법상 **틀린** 것은?　　○ 8852-0043

Words & Expressions

One group of scientists, known as the Neptunists, were convinced that everything on the Earth, including sea shells found in impossibly high places, could be explained by rising and falling sea levels. They believed that mountains, hills and other features were as old as the Earth itself, and only when water sloshed over them during periods of global flooding ① were they changed. Opposing them ② were the Plutonists, who claimed that volcanoes and earthquakes continually changed the face of the planet and that this owed nothing to over-energetic seas. The Plutonists also raised awkward questions about where ③ all the water would have gone when it wasn't in flood. If ④ it had been enough of it at times to cover the Alps, then where did it go the rest of the time? They believed, rightly, that the Earth was subject to huge internal forces as well as surface ones. However, they still couldn't explain how ⑤ all those clam shells got up the mountain.

*slosh 출렁거리다　**clam 대합조개

Words & Expressions

convinced 확신을 가진
feature 지형, 지세
flooding 범람
oppose 반대하다
continually 끊임없이
planet 행성
awkward 골치 아픈, 곤란한
subject 지배를 받는
huge 막대한, 거대한
internal 내부의
surface 표면의

Tutor You

■ 4행 : They believed **[that mountains, hills and other features were {as old as the Earth itself}], and ~].**
{ }로 표시된 부분 ➡ 두 요소 간 동등한 성질을 비교 (해석: 지구 자체만큼 오래된)
[ ]로 표시된 부분 ➡ believed의 목적어 역할 (해석: ~라는 것을)

2 (A), (B), (C)의 각 네모 안에서 어법에 맞는 표현으로 가장 적절한 것은? ⊙ 8852-0044

Words & Expressions

heritage 전통, 유산
convince 설득하다
rail pass 무제한 철도 승차권
admire 경탄하다
subject 주제
poem 시

Both August and Clara came to the United States from Sweden and were proud of their heritage. Carl Sandburg, the second of their seven children, spoke Swedish before he spoke English; but he wanted to be an American and (A) was / to be afraid that
5 being Swedish meant that he was less American. By the time he reached second grade, he had convinced everyone, including his teachers, to call him Charlie instead of Carl. Not until many years later (B) he used / did he use the name Carl again, finally proud of being both Swedish and American. Because his father worked
10 for the C. B. & Q., Sandburg could get rail passes. When he was eighteen, his father let him take the train to Chicago alone. He walked all over the city, admiring its busy streets and the beautiful Lake Michigan. Little (C) he knew / did he know then that Chicago, the powerful and exciting city he had always wanted to
15 see, would become his home and the subject of many of his poems.

	(A)		(B)		(C)
①	was	……	did he use	……	he knew
②	to be	……	did he use	……	did he know
③	was	……	he used	……	he knew
④	to be	……	he used	……	he knew
⑤	was	……	did he use	……	did he know

Tutor You

▪ 6행 : ~, he had convinced everyone, including his teachers, **[to call him Charlie instead of Carl]**.
　[ ]로 표시된 부분 ➡ convinced의 목적격 보어 역할을 하는 to부정사구 (해석: 자신을 Carl 대신 Charlie라고 부르도록)

Day 17 문장의 어순 II

Point 1 내용상 주어

어떤 문장은 뜻이 없는 **형식상 주어** It으로 시작되고, 실질적 주어인 **내용상 주어**는 술어 뒤에 놓이기도 한다. 술어 뒤에 놓이는 내용상 주어 역할을 하는 것은 주로 to부정사구, that절, 의문절 등이다.

❶ **It** is a mistake [to look too far ahead].
　　형식상 주어　　　　　　　　　내용상 주어

❷ **It** is obvious [that the goal cannot be reached].
　　형식상 주어　　　　　　　　　내용상 주어

❸ **It** does not matter [where you come from].
　　형식상 주어　　　　　　　　　내용상 주어

❶ 내용상 주어 ➡ to부정사구
❷ 내용상 주어 ➡ that절
❸ 내용상 주어 ➡ 의문절

❶ 앞일을 너무 멀리 내다보는 것은 잘못이다.　❷ 목표에 도달할 수 없다는 것은 명백하다.
❸ 네가 어디 출신인지는 문제가 안 된다.

Point 2 내용상 목적어

어떤 문장은 술어동사의 목적어 위치에 뜻이 없는 **형식상 목적어** it이 채워지고, 실질적 목적어인 **내용상 목적어**는 목적격 보어 뒤에 놓이기도 한다. 목적격 보어 뒤에 놓이는 내용상 목적어 역할을 하는 것은 주로 to 부정사구, that절, 의문절 등이다.

❶ We consider **it** desirable [to change your eating habits].
　　　　　　　형식상 목적어　　　　　　　내용상 목적어

❷ My parents made **it** clear [that they would not take sides].
　　　　　　　　형식상 목적어　　　　　　내용상 목적어

❸ I find **it** strange [how I can love the same food cooked many ways].
　　형식상 목적어　　　　　　　　　　　내용상 목적어

❶ 내용상 목적어 ➡ to부정사구
❷ 내용상 목적어 ➡ that절
❸ 내용상 목적어 ➡ 의문절

❶ 우리는 너의 식생활 습관을 바꾸는 것이 바람직하다고 생각한다.　❷ 우리 부모님은 편을 들지 않겠다는 것을 분명히 하셨다.　❸ 나는 내가 어떻게 여러 가지 방식으로 요리된 같은 음식을 좋아할 수 있는지 이상하다고 생각한다.

Point 3 「It is X that ~」 강조 구문

한 문장의 특정 요소를 강조할 때 흔히 「It is X that ~」의 어순을 취한다. X로 표시된 부분은 **초점**(focus) 위치라고 하는데, 이 위치에 놓인 요소가 문장 안에서 의미가 가장 강조된다. 초점 위치에 나타날 수 있는 요소는 주어, 목적어, 부사어구 등이다.

❶ It was [Ron] **that** △ threw a party at his parents' house last week.

❷ It was [a party] **that** Ron threw △ at his parents' house last week.

❸ It was [at his parents' house] **that** Ron threw a party △ last week.

❹ It was [last week] **that** Ron threw a party at his parents' house △.

❶ ~ ❹ △는 초점 요소의 원래 위치
❶ 초점 위치 ➡ 주어
❷ 초점 위치 ➡ 목적어
❸ 초점 위치 ➡ 장소의 부사어구
❹ 초점 위치 ➡ 시간의 부사어구

❶ 지난주에 자기 부모님 댁에서 파티를 연 사람은 바로 Ron이었다.　❷ 지난주에 Ron이 자기 부모님 댁에서 연 것은 바로 파티였다.　❸ 지난주에 Ron이 파티를 연 곳은 바로 자기 부모님 댁이었다.　❹ Ron이 자기 부모님 댁에서 파티를 연 때는 바로 지난주였다.

Point 4 「so ~ that ...」구문

한 문장 안에서 원인과 결과는 흔히 「so ~ that ...」구문으로 나타낸다. so가 수식하는 어구는 원인을, 그리고 that절은 그 결과를 나타낸다. 주격 보어 역할을 하는 so 수식어구로 문장이 시작되면 주어는 흔히 동사 뒤에 놓인다(☞ Day 16 참조).

❶ The pain was **so intense** [**that I passed out**].
　　　　　　　원인　　　　　　　　결과
❷ **So intense** was the pain [**that I passed out**].
　　원인　　　　　　　　　　　　결과

❶ 주어 + be동사 + 보어
❷ 보어 + be동사 + 주어

❶ ~ ❷ 통증이 워낙 극심해서 나는 의식을 잃었다.

Point 5 의문절

의문사가 이끄는 절이나 if/whether가 이끄는 절이 문장의 주어나 목적어 역할을 할 때, 이 절은 의문사나 if/whether 다음에 「주어 + 동사」의 어순이 된다.

❶ I don't remember [**how many times** {**I have** been here}].
❷ [**Why** {**the couple left**}] is still a mystery.
❸ I was wondering [**if** {**you could** babysit tomorrow night}].
❹ [**Whether** {**Jay comes** or not}] is not my concern.

❶ 의문절 [ ] ➡ 목적어 역할
❷ 의문절 [ ] ➡ 주어 역할
❸ if절 [ ] ➡ 목적어 역할
❹ whether절 [ ] ➡ 주어 역할

❶ 나는 여기를 몇 번 와봤는지 기억나지 않는다.
❷ 그 커플이 왜 떠났는지는 여전히 미스터리이다.
❸ 내일 밤에 아이를 봐 주실 수 있는지요.
❹ Jay가 올지 오지 않을지는 내 알 바 아니다.

Point 6 If가 표현되지 않은 절

접속사 If가 표현되지 않은 채 가정을 나타낼 때, 주어와 조동사가 도치된다. 즉 had, should, were와 같은 조동사가 주어 앞에 놓인다.

❶ [**If anyone should call in my absence**], please take a message.
　➡ [**Should anyone call in my absence**], please take a message.
❷ [**If I had known it at the time**], I would not have done what I did.
　➡ [**Had I known it at the time**], I would not have done what I did.
❸ [**If I were in your shoes**], I'd feel exactly the way you do.
　➡ [**Were I in your shoes**], I'd feel exactly the way you do.

❶ If anyone should call ➡ Should anyone call
❷ If I had known ➡ Had I known
❸ If I were in ➡ Were I in

❶ 내가 없을 때 누가 전화를 하면 메모 좀 해주세요.
❷ 그것을 당시에 알았더라면 나는 내가 한 일을 하지 않았을 것이다.
❸ 내가 너라면 나는 정확히 너와 같은 기분이 될 것이다.

1 다음 글의 밑줄 친 부분 중, 어법상 틀린 것은?　　　　● 8852-0045

Words & Expressions

apart from ~과는 별도로
benefit 이득, 혜택
engage in ~에 종사하다
pursuit 추구
survival 생존
devote 바치다, 쏟다
derive 끌어내다, 얻다
temporary 일시적인
practical 실제적인
harvest 수확하다
diversion 방향 전환
workday 평범한
prompt 유도하다
surgeon 외과 전문의
comment 논평하다
unbearable 견딜 수 없는

　　Quite apart from whatever benefits art may have for the total society, it is generally agreed ①that art is a source of personal gratification for both the artist and the viewer. It would be hard ②to imagine a world in which people engaged only in pursuits that met their basic survival needs. Although people devote most of their time and energy to meeting those needs, it is equally true ③that all people derive some enjoyment from art because it provides at least a temporary break from those practical pursuits. Only after the crops have been harvested ④does the African horticulturalist have time to dance, tell stories, and derive pleasure from making or viewing pieces of art. Likewise, as a diversion from their workaday lives, many Westerners seek gratification by attending a play, a concert, or a museum. No doubt, it was this personal gratification derived from art ⑤what prompted Richard Selzer, an American surgeon and author, to comment: "art is necessary only in that without it life would be unbearable."

*gratification 만족감　**horticulturalist 원예사

Tutor You

■ 12행 : ~, many Westerners seek gratification **[by attending a play, a concert, or a museum]**.
　[　]로 표시된 부분 ➡ 문장 안에서 수단을 나타냄 (해석: 연극, 음악회, 또는 미술관에 다님으로써)

2 (A), (B), (C)의 각 네모 안에서 어법에 맞는 표현으로 가장 적절한 것은? ○ 8852-0046

Although the first time I flew on a plane was many years ago, I can still remember how afraid I was that day. All my life, I had wondered what (A) it would / would it be like to fly in an airplane. Finally, in March 1972, I boarded my first flight. I flew from New Orleans, Louisiana, to Managua, Nicaragua, on SAHSA Airline. It was a Boeing 727 jet. (B) It / There were three seats on each side of the aisle. It was sort of crowded, and this only made me more nervous. Every time we hit a little turbulence, my hands turned white. So nervous (C) I was / was I during the entire flight that I did not eat the meal they gave me. I would not even go to the bathroom. I cannot tell you how relieved I was when the plane finally landed at our destination. Since then I have been on over one hundred flights, but I can still remember many small details of my first airplane flight.

*turbulence 난기류

Words & **Expressions**

board 탑승하다
flight 항공기
aisle 통로
sort of 다소
nervous 초조해 하는
relieved 안도하는
destination 목적지
detail 세부 사항

	(A)		(B)		(C)
①	would it	······	There	······	was I
②	it would	······	There	······	was I
③	it would	······	It	······	I was
④	it would	······	There	······	I was
⑤	would it	······	It	······	was I

Tutor You

■ 11행 : I cannot tell you [how relieved I was {when the plane finally landed at our destination}].
   { }로 표시된 부분 ➡ 감탄절 안에서 시간을 나타냄 (해석: 비행기가 마침내 우리 목적지에 도착했을 때)
   [ ]로 표시된 부분 ➡ tell의 직접목적어 역할을 하는 감탄절 (해석: ~ 했을 때 내가 얼마나 안도했는지를)

다음 글의 밑줄 친 부분 중, 어법상 **틀린** 것은?   2018년 6월 모평 28번

   Humans are so averse to feeling that they're being cheated ①that they often respond in ways that seemingly make little sense. Behavioral economists — the economists who actually study ②what people do as opposed to the kind who simply assume the human mind works like a calculator — have shown again and again that people reject unfair offers even if ③it costs them money to do so. The typical experiment uses a task called the ultimatum game. It's pretty straightforward. One person in a pair is given some money — say $10. She then has the opportunity to offer some amount of it to her partner. The partner only has two options. He can take what's offered or ④refused to take anything. There's no room for negotiation; that's why it's called the ultimatum game. What typically happens? Many people offer an equal split to the partner, ⑤leaving both individuals happy and willing to trust each other in the future.

*averse to ~을 싫어하는   **ultimatum 최후통첩

Words & Expressions

cheat 속이다
calculator 계산기
offer 제의
refuse 거절하다

behavioral 행동의
reject 거부하다
straightforward 간단한
negotiation 협상, 절충

assume 가정하다
unfair 부당한
option 선택권
split 분할, 몫

기출 예제 〈관찰과 해결〉

❹ 대등한 연결 ⇒ 구의 연결 (☞ Day 19, Points 2, 5, 6)

He can [take what's offered] or [**refused** to take anything].

관찰 ····· 두 개의 [ ]는 can에 이어지는 동사구

적용 ····· 조동사 다음의 동사 형태는 기본형

등위접속사 or는 대등한 요소를 연결

해결 ····· take처럼 refused도 기본형 refuse로 고쳐야 함

① 문장의 어순 ⇒ 「so ~ that ....」 구문 (☞ Day 17, Point 4)

Humans are **so** averse to feeling ~ **that** they often respond in ways ~.

관찰 ····· 원인과 결과를 나타내는 문장

적용 ····· so가 수식하는 부분은 원인을 나타냄

해결 ····· 결과를 나타내는 절을 이끄는 that은 적절한 요소

② 목적어 ⇒ 절 형태의 목적어 (☞ Day 2, Point 6)

~ the economists who actually study [**what** people do] as opposed to ~.

관찰 ····· 관계절 동사 study의 목적어가 필요

적용 ····· [ ]는 study의 목적어 역할을 하는 명사절

해결 ····· 명사절을 이끄는 선행사 포함 관계사 what은 적절한 요소

③ 문장의 어순 ⇒ 내용상 주어 (☞ Day 17, Point 1)

~ even if **it** costs them money [**to do so**].

관찰 ····· it은 형식상 주어

적용 ····· 실제 내용상 주어는 술어 뒤에 위치한 [ ]

해결 ····· if절의 형식상 주어 자리를 채우는 it은 적절한 요소

⑤ 분사구 ⇒ 분사 구문 (☞ Day 8, Point 4)

Many people offer ~, [**leaving** both individuals happy and willing to ~].

관찰 ····· [ ]는 앞 절의 내용을 부수적으로 설명

적용 ····· 접속사와 주어 없이 앞 절을 부수적으로 설명하는 어구는 분사구

해결 ····· 분사구를 이끄는 분사 leaving은 적절한 형태

출제경향

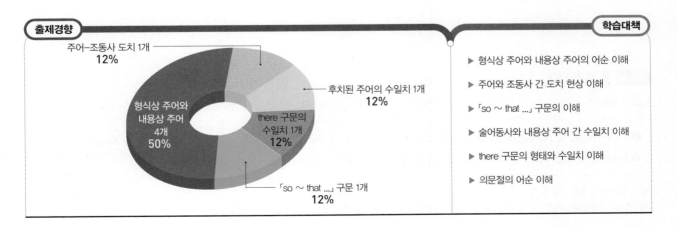

주어–조동사 도치 1개
12%

형식상 주어와
내용상 주어
4개
50%

후치된 주어의 수일치 1개
12%

there 구문의
수일치 1개
12%

「so ~ that ....」 구문 1개
12%

학습대책

▶ 형식상 주어와 내용상 주어의 어순 이해

▶ 주어와 조동사 간 도치 현상 이해

▶ 「so ~ that ....」 구문의 이해

▶ 술어동사와 내용상 주어 간 수일치 이해

▶ there 구문의 형태와 수일치 이해

▶ 의문절의 어순 이해

Day 19 대등한 연결

Point 1 대등한 연결이란

and, but, or와 같은 **등위접속사**로 문법적 기능이나 유형이 같은 두 개 이상의 구나 절을 연결할 때 이를 **대등한 연결**이라고 한다.

❶ Matt ended up [missing the point] **and** [making the wrong choice].
　　　　　　　　　　대등한 연결

❷ You should [keep trying] **or** [forget about it].
　　　　　　　　대등한 연결

❸ [Jenny wanted to ride her bike], **but** [its tire was flat].
　　　　　　　　대등한 연결

❶ 동명사구 and 동명사구
❷ 동사구 or 동사구
❸ 완전한 절 but 완전한 절

❶ Matt는 결국 핵심에서 벗어나 잘못된 선택을 했다.
❷ 여러분은 그것을 계속 시도하거나 그것에 대해 잊어야 한다.
❸ Jenny는 자신의 자전거를 타기를 원했지만, 그것의 타이어가 펑크가 나 있었다.

Point 2 구의 연결

문법적 기능이나 유형이 같은 두 개 이상의 구가 등위접속사로 대등하게 연결된다.

❶ This food [relieves stress] **and** [promotes positive feelings].
❷ My cat has [beautiful, blue eyes] **but** [a destructive personality].
❸ My dad asked us [to clean our rooms] **and** [to wash the dishes].

❶ 동사구 and 동사구
❷ 명사구 but 명사구
❸ to부정사구 and to부정사구

❶ 이 식품은 스트레스를 덜어주고 긍정적인 기분을 촉진한다.
❷ 나의 고양이는 아름다운 파란 눈을 가지고 있지만 파괴적인 성격을 지니고 있다.
❸ 아빠는 우리에게 방을 청소하고 설거지를 하라고 요구하셨다.

Point 3 절의 연결

문법적 기능이나 유형이 같은 두 개 이상의 절이 등위접속사로 대등하게 연결된다.

❶ [The man is running away] **and** [the dog is chasing him].
❷ I accept [that change is inevitable] **and** [that death is a part of this cycle].

❶ 완전한 절 and 완전한 절
❷ 명사절(that절) and 명사절(that절)

❶ 그 남자는 도망치고 있고, 개는 그를 쫓고 있다.
❷ 나는 변화가 피할 수 없다는 것과 죽음이 이러한 순환의 일부분이라는 것을 인정한다.

Point 4 상관접속사에 의한 연결

문법적 기능이나 유형이 서로 같은 두 요소 X와 Y가 **상관접속사**로 대등하게 연결된다. 대표적인 상관접속사는 both X and Y('X와 Y 둘 다'), not only X but (also) Y('X뿐만 아니라 Y도 역시'), either X or Y('X와 Y 둘 중 하나'), neither X nor Y('X와 Y 둘 다 ~ 아닌')가 있다.

❶ **Both** [**the baseball team**] **and** [**the football team**] are doing well.

❷ Carter is **not only** [**intelligent**] **but also** [**humorous**].

❸ I will **either** [**go for a hike**] **or** [**stay home**] this Saturday.

❹ [**Neither** [**my wife**] **nor** [**my daughter**] enjoys roller coasters.

❶ Both 명사구 and 명사구
❷ not only 형용사구 but also 형용사구
❸ either 동사구 or 동사구
❹ Neither 명사구 nor 명사구

❶ 야구팀과 축구팀 둘 다 잘하고 있다. ❷ Carter는 지적일 뿐만 아니라 유머러스하기도 하다.
❸ 나는 이번 토요일에 하이킹을 가거나 아니면 집에 머무를 것이다.
❹ 내 아내와 딸 둘 다 롤러코스터를 즐기지 않는다.

Point 5 문맥 속에서 대등한 연결의 중요성

등위접속사로 연결되는 두 개 이상의 요소가 서로 문법적 기능이나 유형이 서로 같지 않으면, 문장을 논리적으로 이해하기 어렵고 뜻하지 않은 중의적 해석이 나올 수도 있다.

❶ I want [to study **physics**] and [to do **other assignments**].
      to부정사구   to부정사구

❷ I don't want [to study **physics**] and [do **other assignments**].
      to부정사구   to가 없는 부정사구, 또는 동사구

❶ 대등한 연결로 분명한 해석
❷ 대등하지 않은 연결로 중의적 해석 가능

❶ 나는 물리학을 공부하는 것과 다른 숙제를 하는 것을 둘 다 원한다.
❷ 의도된 해석: 나는 물리학을 공부하면서 다른 숙제를 하는 것을 원하지 않는다.
   또 다른 해석: 나는 물리학을 공부하는 것을 원하지 않아서 다른 숙제를 한다.

Point 6 대등한 요소의 비교

비교 표현에 사용되는 than이나 as로 두 개의 구나 절을 연결할 때도 그것들의 문법적 기능이나 유형이 서로 같아야 한다.

❶ I would rather [**pay for my education**] **than** [**receive financial aid**].

❷ [**How you live your life**] is more important **than** [**how long you live**].

❸ For exercise, I prefer [**jogging**] **to** [**swimming**].

❹ [**The greater**] the risk, [**the greater**] the return.

❶ 두 동사구의 비교
❷ 두 의문절의 비교
❸ 두 동명사구의 비교
❹ 「the + 비교 표현 ~」, 「the + 비교 표현 ~」

❶ 나는 재정 지원을 받느니 차라리 내 교육비를 내겠어.
❷ 어떤 삶을 사느냐가 얼마나 오래 사느냐보다 더 중요하다.
❸ 운동으로 나는 조깅이 수영보다 더 좋다.
❹ 위험 요소가 크면 클수록 대가는 더욱 더 크다.

1 다음 글의 밑줄 친 부분 중, 어법상 **틀린** 것은?　　　◆ 8852-0052

The bottled water industry is reaping huge rewards by purifying water, putting it in plastic bottles and ① selling it for high profit. You can purify your own water easily and ② to help to reduce the amount of plastic being thrown each day into landfills. In developing countries, plastic is a huge problem and tourists only ③ make it worse. Aquapure Traveler is a handy bottle with a filter built into the cap. All you do is fill it up from any freshwater source, leave it to stand for 15 minutes and the water ④ comes out clean and pure from the top. The filter contains a physical and ⑤ chemical barrier to block almost all bacteria and pollutants. One filter cap supplies 350 litres of drinking water.

Words & Expressions

bottled 병에 든
industry 산업
reap 거두다
purify 정화하다
reduce 줄이다
landfill 쓰레기 매립지
handy 편리한
fill up ~을 채우다
contain 담다
physical 물리적인
chemical 화학적인
barrier 방벽
pollutant 오염 물질
supply 공급하다

Tutor You

■ 7행 : All you do is [fill it up from any freshwater source], ~.
　[　]로 표시된 부분 ➡ to가 없는 부정사구로 주격 보어의 역할 (해석: 민물로 그것을 채우는 것)

2 (A), (B), (C)의 각 네모 안에서 어법에 맞는 표현으로 가장 적절한 것은? ⊙ 8852-0053

Words & Expressions

option 선택
career 직업, 경력
stem from ~에서 유래하다
gain 얻다
intrinsic 본질적인
satisfaction 만족
refine 개선하다, 연마하다
embrace 받아들이다
lie in ~에 있다
outcome 결과
extrinsic 외적인

Most people do not have the option of achieving high sport performance and (A) developing / to develop a professional career in sport. Instead, most of us who play a sport do it as a hobby for the love of the game; in other words, we play as amateurs—a label that stems from the Latin word for love. We gain intrinsic satisfaction in improving our fitness, refining our physical skills, working as part of a team, or (B) embracing / to embrace the challenge and excitement of testing our skill against nature or other competitors. For amateur athletes, then, the key lies not in the outcome but in the participation itself. Sport participation is recreation, and it (C) differing / differs greatly from work. We participate to rejuvenate the spirit, and we don't need extrinsic rewards for doing so.

*rejuvenate 활기를 되찾게 하다

	(A)	(B)	(C)
①	developing	embracing	differing
②	developing	to embrace	differing
③	developing	embracing	differs
④	to develop	to embrace	differs
⑤	to develop	embracing	differs

Tutor You

■ 9행 : For amateur athletes, then, the key lies **[not in the outcome but in the participation itself]**.
[ ]로 표시된 부분 ➡ not X but Y의 상관접속사('X가 아니라 Y인') (해석: 결과가 아니라 참가 자체에)

Day 20 생략과 축약

Point 1 동사 생략

두 개의 절로 이루어진 문장에서, 하나의 절에 언급된 동사가 다른 절에 다시 나타날 때 그 반복되는 동사는 생략될 수 있다.

> ❶ Fred **invited** Mary and Bill ~~invited~~ Jane.
>   ➡ Fred invited Mary and Bill, Jane.
> ❷ Mary **played** the piano and Jane ~~played~~ the flute.
>   ➡ Mary played the piano and Jane, the flute.

❶ 반복된 동사 invited의 생략
  ➡ 동사 생략 구문
❷ 반복된 동사 played의 생략
  ➡ 동사 생략 구문

❶ Fred는 Mary를, Bill은 Jane을 초대했다.
❷ Mary는 피아노를, Jane은 플루트를 연주했다.

Point 2 동사구 생략

두 개의 절로 이루어진 문장에서, 하나의 절에 언급된 동사구가 다른 절에 다시 나타날 때 그 반복되는 동사구는 do, 그 밖의 조동사, to 바로 뒤에서 생략될 수 있다.

> ❶ Clark [**bought a watch**], and Mary [~~bought a watch~~] too.
>   ➡ Clark [**bought a watch**], and Mary **did** too.
> ❷ Shorty couldn't [**see Rihanna**], but I could [~~see Rihanna~~].
>   ➡ Shorty couldn't [**see Rihanna**], but I **could**.
> ❸ Jo wants to [**go hiking**], but he doesn't know when to [~~go hiking~~].
>   ➡ Jo wants to [**go hiking**], but he doesn't know when **to**.

❶ 반복된 동사구 bought a watch의 생략 ➡ 동사구 생략 구문
❷ 반복된 동사구 see Rihanna의 생략 ➡ 동사구 생략 구문
❸ 반복된 동사구 go hiking의 생략 ➡ 동사구 생략 구문

❶ Clark는 시계를 샀고, Mary도 그랬다.
❷ Shorty는 Rihanna를 볼 수 없었지만 나는 그럴 수 있었다.
❸ Jo는 하이킹을 가고 싶어 하지만 언제 갈지는 모른다.

Point 3 명사 생략

두 개의 절로 이루어진 문장에서, 하나의 절에 언급된 「한정사 + (수식어) + 명사」 형태의 명사구가 다른 절에 다시 나타날 때, 이 명사구는 한정사나 수식어만 남기고 핵심 요소인 명사가 생략될 수 있다. 명사가 생략되고 남은 「한정사 + (수식어)」 형태는 명사구와 같은 역할을 한다.

> ❶ Sam bought [**two doughnuts**], but Gale bought [**three** ~~doughnuts~~].
>   ➡ Sam bought [**two doughnuts**], but Gale bought [**three**].
> ❷ [**Some young kittens**] like drinking milk, and [**some** ~~young kittens~~] don't.
>   ➡ [**Some young kittens**] like drinking milk, and [**some**] don't.

❶ 유사한 구조가 반복되는 명사구 three doughnuts에서 doughnuts의 생략 ➡ 명사 생략 구문
❷ 반복되는 명사구 some young kittens에서 young kittens의 생략 ➡ 명사 생략 구문

❶ Sam은 두 개의 도넛을 샀지만 Gale은 세 개를 샀다.
❷ 태어난 지 얼마 안 된 어떤 고양이 새끼들은 우유 마시는 것을 좋아하고 어떤 것들은 그렇지 않다.

Point 4 명사절의 축약

주절과 종속절(명사절)로 이루어진 문장에서, 주절 동사의 목적어 역할을 하는 명사절은 동명사구나 「의문사 + to부정사구」로 축약될 수 있다.

❶ Pam admitted [**that she broke her promise**].
➡ Pam admitted [**breaking her promise**].
❷ I don't know [**how I can tell my parents the bad news**].
➡ I don't know [**how to tell my parents the bad news**].

❶ 명사절(that절) ➡ 동명사구
❷ 명사절(의문절) ➡ 의문사 + to부정사구

❶ Pam은 약속을 어긴 것을 인정했다.
❷ 나는 우리 부모님께 그 나쁜 소식을 어떻게 전해드려야 할지 모르겠다.

Point 5 관계절의 축약

주절 안에 관계절이 포함된 문장에서, 선행사를 수식하는 관계절은 전치사구, to부정사구, 분사구 등으로 축약될 수 있다.

❶ The leather jacket [**which is on the table**] is for sale.
➡ The leather jacket [**on the table**] is for sale.
❷ Ellen has a letter [**that she should write**].
➡ Ellen has a letter [**to write**].
❸ The street [**that leads to the temple**] is very narrow.
➡ The street [**leading to the temple**] is very narrow.

❶ 관계절 ➡ 전치사구
❷ 관계절 ➡ to부정사구
❸ 관계절 ➡ 분사구

❶ 테이블 위의 가죽 재킷은 판매용이다.
❷ Ellen은 써야 할 편지가 있다.
❸ 그 사원에 이르는 길은 매우 좁다.

Point 6 부사절의 축약

주절과 종속절(부사절)로 이루어진 문장에서, 시간이나 이유 등을 나타내는 부사절은 분사구로 축약될 수 있다.

❶ [**When you work in a lab**], you should wear gloves.
➡ [(**When**) **Working in a lab**], you should wear gloves.
❷ [**Because it is written in Korean**], this manual is easy to read.
➡ [**Written in Korean**], this manual is easy to read.

❶ 부사절(시간) ➡ 분사구
❷ 부사절(이유) ➡ 분사구

❶ 실험실에서 작업을 할 때는 장갑을 끼어야 한다.
❷ 이 매뉴얼은 한국어로 되어있어서 읽기 쉽다.

1 다음 글의 밑줄 친 부분 중, 어법상 틀린 것은?

🔊 8852-0054

Words & Expressions

virtual reality 가상현실
figure 사람, 모습
skeleton 골격, 해골
effective 효과적인
idealized 최적화된
wrist 손목
regular 보통의, 평상시의
commit 저지르다
visualize 마음속에 그려보다

Some people who like to play sports are training with virtual reality. Canadian inventor Don Wilson has created the Virtually Perfect Golf Learning System, ①in which a golfer wears a pair of 3-D glasses and stands in the center of a triangle of video cameras. A screen, ②viewed through the glasses, shows the golfer her own body with an "ideal golfer" superimposed on it. This figure looks more like a skeleton ③made of wire than like Tiger Woods, but it is effective at showing the student golfer how she should be standing and moving. The golfer learns by moving along with the ideal figure in slow motion. After ④trying the program, a golfer reported: "I could see everything in a new way. I noticed that the idealized figure was holding his wrist hinged much further down than I ⑤did. In a regular lesson, you can commit so many errors and not even realize it. But with this, you can visualize it perfectly."

*superimpose 겹쳐 놓다 **hinged (경첩처럼) 꺾인

Tutor You

- 1행 : **[Some people {who like to play sports}]** are training with virtual reality.
  { }로 표시된 부분 ➡ Some people을 수식하는 관계절 (해석: 운동하기를 좋아하는)
  [ ]로 표시된 부분 ➡ 문장의 주어 역할을 하는 명사구 (해석: ~하는 어떤 사람들은)

- 13행 : In a regular lesson, you can **[commit so many errors]** and not even **[realize it]**.
  두 개의 [ ] ➡ and로 연결되어 can에 이어지는 동사구 (해석: 매우 많은 실수를 범하다, 그것을 알아차리다)

2 (A), (B), (C)의 각 네모 안에서 어법에 맞는 표현으로 가장 적절한 것은? 🔘 8852-0055

Because most folktales have a moral, they play an important role in socialization. Particularly in societies without writing, folktales can be significant in revealing socially appropriate behavior. The heroes and heroines who triumph in folktales (A) │ are / do │ so
5 because of their admirable behavior and character traits. Conversely, people who behave in socially inappropriate ways almost always get their comeuppance. To illustrate, tales with very strong social messages are told to Dahomean children in West Africa around a fire. Usually (B) │ held / holding │ at the compound
10 of an elder, these storytelling sessions are designed to entertain, provide moral instruction for children, and develop the children's storytelling skills by encouraging them to tell tales of their own. Despite the very different settings, a storytelling session among traditional Dahomeans is quite similar to parents
15 (C) │ read / reading │ "Jack and the Beanstalk" or "Cinderella" to their children in front of the fireplace.

*comeuppance 마땅한 벌

	(A)		(B)		(C)
①	do	……	held	……	reading
②	are	……	holding	……	read
③	do	……	held	……	read
④	are	……	held	……	reading
⑤	do	……	holding	……	reading

Words & Expressions

folktale 민간 설화
moral 교훈
socialization 사회화
significant 효과적인, 중요한
reveal 드러내다
appropriate 적절한
heroine 여자 주인공
triumph 승리를 거두다
admirable 감탄스러운
trait 특성
conversely 역으로
compound 울타리 친 주택 지구
session 시간
entertain 즐겁게 해 주다
instruction 가르침
encourage 권장하다

Tutor You

▪ 7행 : To illustrate, **[tales with very strong social messages]** are told to **[Dahomean children in West Africa]** around a fire.

첫 번째 [   ] ➡ 주어 역할을 하는 명사구 (해석: 매우 강력한 사회적 메시지가 담긴 이야기는)

두 번째 [   ] ➡ to의 목적어 역할을 하는 명사구 (해석: 서아프리카의 Dahomean 어린이들)

기출 예제

○ 8852-0056

다음 글의 밑줄 친 부분 중, 어법상 **틀린** 것은?   2017년 6월 고2 학평 28번

Cutting costs can improve profitability but only up to a point. If the manufacturer cuts costs so deeply ① that doing so harms the product's quality, then the increased profitability will be shortlived. A better approach is to improve productivity. If businesses can get more production from the same number of employees, they're ② basically tapping into free money. They get more product to sell, and the price of each product falls. As long as the machinery or employee training ③ needed for productivity improvements costs less than the value of the productivity gains, it's an easy investment for any business to make. Productivity improvements are as important to the economy as they ④ do to the individual business that's making them. Productivity improvements generally raise the standard of living for everyone and ⑤ are a good indication of a healthy economy.

Words & Expressions

profitability 수익성
productivity 생산성
raise 높이다, 올리다

manufacturer 제조업자
tap into ~을 이용하다
indication 지표

approach 해결 방법
investment 투자

기출 예제 🔍 **관찰과 해결**

❹ **생략과 축약 ⇒ 동사구 생략** (☞ Day 20, Point 2)

~ **are** as **important** to ~ [as they **do** (**important**) to ~].

관찰 ····· [ ] 안에서 조동사 다음에 ( )가 생략

적용 ····· 주절의 술어동사는 are / important to ~는 be동사 are의 주격 보어

해결 ····· 조동사 바로 뒤에서 중복 요소를 생략하려면 do를 are로 고쳐야 함

① **문장의 어순 Ⅱ ⇒ 「so ~ that ....」 구문** (☞ Day 17, Point 4)

~ cuts costs **so** deeply [**that** doing so harms the product's quality], ~.

관찰 ····· so deeply는 원인을 나타냄

적용 ····· [ ]는 그 결과를 나타냄

해결 ····· 결과를 나타내는 절을 이끄는 that은 적절한 요소

② **수식과 비교 ⇒ 부사의 수식** (☞ Day 5, Point 2)

~, they're [**basically** {tapping into free money}].

관찰 ····· [ ]는 분사 tapping을 핵심 요소로 하는 분사구

적용 ····· [ ] 안에서 부사가 { }를 수식

해결 ····· 분사구를 수식하는 부사 basically는 적절한 요소

③ **분사구 ⇒ 명사(구) 수식 & 현재분사 vs. 과거분사** (☞ Day 8, Points 1, 3)

As long as [**the machinery or employee training** {**needed** for productivity improvements}] costs less than the value of the productivity gains, ~.

관찰 ····· { }는 the machinery or employee training을 수식하는 분사구

적용 ····· the machinery or employee training은 need의 영향이 미치는 대상 / needing(행위자) vs. needed(대상)

해결 ····· 과거분사 needed는 적절한 형태

⑤ **주어와 술어 ⇒ 주어와 술어동사 간 수의 일치** (☞ Day 1, Point 6)

[**Productivity improvements**] ~ **are** a good indication ~.

관찰 ····· [ ]는 문장의 주어 역할을 하는 명사구

적용 ····· 명사구의 핵심 요소는 복수 형태의 명사 improvements

해결 ····· 복수 형태의 명사와 수일치를 하는 are는 적절한 형태

출제경향

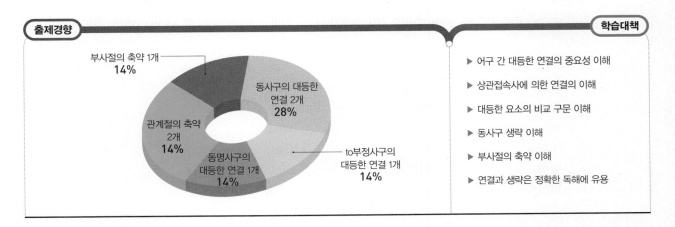

부사절의 축약 1개
14%

동사구의 대등한
연결 2개
28%

관계절의 축약
2개
14%

동명사구의
대등한 연결 1개
14%

to부정사구의
대등한 연결 1개
14%

학습대책

▶ 어구 간 대등한 연결의 중요성 이해

▶ 상관접속사에 의한 연결의 이해

▶ 대등한 요소의 비교 구문 이해

▶ 동사구 생략 이해

▶ 부사절의 축약 이해

▶ 연결과 생략은 정확한 독해에 유용

Day 22 실전 테스트 I

1 다음 글의 밑줄 친 부분 중, 어법상 틀린 것은?   ○ 8852-0061

While people in the developed world try to preserve their level of well-being, many millions in developing nations seek to better their lives. As fading borders increasingly facilitate population movements within trading blocs, there will be ①those who will first request, and then demand, the right for such freedom of movement to be extended. The day is not far off ②when freedom of movement of all peoples of the world may be termed a "basic human right." Although this certainly does not mean that this right will ③be granted, it will undoubtedly be asserted. Clearly, the implications of this still weak but emerging pressure ④goes far beyond the concerns of those in the leisure and tourism field. This said, however, it is very clear that ⑤should such pressures succeed in even a modest way, the entire landscape of leisure and tourism could change dramatically.

2 (A), (B), (C)의 각 네모 안에서 어법에 맞는 표현으로 가장 적절한 것은?   ○ 8852-0062

Desperate to meet his guru, a Buddhist follower climbs a series of mountains and walks for many days overland until at last he comes face to face with the man who has inspired his beliefs. As soon as he arrives, the follower starts talking about (A) him / himself and his life, almost without stopping, until the guru intercedes to offer him a cup of tea. Somewhat taken aback at having been (B) interrupted / interrupting , the follower nevertheless accepts. As he resumes his dialogue, the guru begins to pour the tea, and carries on pouring until the cup is overflowing and tea is pouring off the table and on to the follower's legs. "What are you doing?" he asks, as the hot water burns his knees. "Can you not see that you are just like the tea cup?" says the guru. "You are so full of all the things you think you need (C) that / what there is no room for anything new."

*guru 스승, 지도자

	(A)		(B)		(C)
①	himself	······	interrupting	······	that
②	him	······	interrupting	······	what
③	himself	······	interrupted	······	that
④	him	······	interrupted	······	that
⑤	himself	······	interrupted	······	what

3 다음 글의 밑줄 친 부분 중, 어법상 틀린 것은?   ○ 8852-0063

Our facial expressions affect ①how we react to stress. Smiling while submerging your hands in ice water for several minutes lessens stress and ②lead to a quicker recovery from the painful incident than if you don't smile. There really is something to the old adage "Grin and bear it." Of course, there is also a catch: this smile technique works best if you don't know you are doing it—if you form an unconscious smile rather than smile ③intentionally. In the latter case, the brain seems to catch on and doesn't interpret the bodily expression as happiness. But even ④faking a smile is better than nothing, because our neural circuitry doesn't always make a clear distinction between what is fake and what is real. Even if you "smile while your heart is breaking," as the ballad suggests, at some level your brain can't help but interpret your smiling as a sign ⑤that everything is okay.

*adage 속담

4 (A), (B), (C)의 각 네모 안에서 어법에 맞는 표현으로 가장 적절한 것은?   ○ 8852-0064

One reason for upsets in sport—in which the team predicted to win and supposedly superior to their opponent surprisingly (A) loses / losing the contest—is that the superior team may not have perceived their opponents as threatening to their continued success. Their expectation of success is too high, and the amount of effort they give is too low. Success expectations and athletes' motivation to achieve (B) are / is influenced by the perceived ability of their opponents. In many cases, low expectations of success become self-fulfilling prophecies. In the opposite direction, however, high-quality competitors have a very high expectation of success: they expect to win—and they often (C) are / do. Competitors are optimally motivated when they feel that they have about a 50% chance of success. In high-risk sports such as high jumping or pole vaulting, which require explosive muscular effort, expectations of success must be maintained or winning is far from assured.

*self-fulfilling prophecy 자기 충족 예언

	(A)		(B)		(C)
①	loses	……	are	……	do
②	losing	……	is	……	are
③	loses	……	is	……	do
④	losing	……	is	……	do
⑤	loses	……	are	……	are

Day 23 실전 테스트 II

1 다음 글의 밑줄 친 부분 중, 어법상 틀린 것은?

⊙ 8852-0065

A fascinating characteristic of roles is that we tend to become the roles we play. That is, roles become incorporated into our self-concept, especially roles for which we prepare long and hard and ①that become part of our everyday lives. Helen Ebaugh experienced this firsthand when she quit being a nun ②to become a sociologist. With her own ③heightened awareness of role exit, she interviewed people who had left marriages, police work, the military, medicine, and religious vocations. Just as she had experienced, the role had become intertwined so ④extensive with the individual's self-concept that leaving it threatened the person's identity. The question these people struggled with ⑤was "Who am I, now that I am not a nun (or wife, police officer, colonel, physician, and so on)?"

2 (A), (B), (C)의 각 네모 안에서 어법에 맞는 표현으로 가장 적절한 것은?

⊙ 8852-0066

Regardless of whether reason is a distinctively human characteristic or not, and whether it is confined to the human species or not, it has certainly proven an important species-survival trait in humans. Without it, we would be severely (A) handicapped / handicapping in the struggle for survival. It is therefore easy to see how we come to recognize reason as an essentially human trait, one that pertains to humans as humans. This does not mean that all members of the species are equally reasonable or are equally reasonable at all times. What it does mean is that we presume (B) that / what all members of the human species have reason. In other words, they all have the capacity to cultivate and develop their intelligence through discipline so as to solve problems. We do not restrict this presumption (C) exclude / to exclude any category of humans. This presumption is not gender specific. It is not restricted by age, race, or ethnicity. It applies to all humans as humans.

	(A)		(B)		(C)
①	handicapped	......	that	......	exclude
②	handicapped	......	what	......	exclude
③	handicapped	......	that	......	to exclude
④	handicapping	......	what	......	to exclude
⑤	handicapping	......	that	......	to exclude

정답과 해설 25쪽

3 다음 글의 밑줄 친 부분 중, 어법상 틀린 것은?　　　　　　　　　　　　　○ 8852-0067

Creating a vision is about the possibilities, whereas ①identifying opportunities is about the probabilities. That is, we must have an accurate and complete survey of the landscape ahead. This piece of the puzzle adds realism to our dreams. We must not only identify what value we offer and who will benefit from it, but we must also look ahead ②to try to identify those things that could get in our way. This includes the potholes, the washed-out bridges, and the hurdles or barriers in our path. The result of this survey allows us to set out on our journey with an idea about ③what is probable for us. It can help us identify what steps we might need to ④be taken in order to overcome any obstacles we could encounter along the way. This step will help us to be more ⑤realistic about our chances for success.

*pothole (도로에) 움푹 패인 곳

4 (A), (B), (C)의 각 네모 안에서 어법에 맞는 표현으로 가장 적절한 것은?　　　　　　○ 8852-0068

As author and *New York Times* columnist David Brooks put it in *The Social Animal*, "The sense of identity that children brought to the first lesson (A) was / were the spark that would set off all the improvement that would subsequently happen. It was a vision of their future self." The kids who were able to visualize (B) them / themselves as musicians—who were committed to that end result—had a goal to work for, and they dedicated themselves to achieving that goal. They were ambitious and driven to succeed, and because they could picture the end goal they were willing to do the work it (C) taking / took to get there and not get impatient when they didn't become virtuosos overnight. Patience and determination are inextricably connected. If you're willing to do the work, you'll reap the results. Those who didn't perhaps simply weren't that invested in the first place, and so had no reason to be patient.

*virtuoso (특히 음악 연주 분야의) 거장

	(A)		(B)		(C)
①	was	……	them	……	took
②	was	……	themselves	……	took
③	was	……	themselves	……	taking
④	were	……	themselves	……	taking
⑤	were	……	them	……	taking

1 다음 글의 밑줄 친 부분 중, 어법상 틀린 것은?   ○ 8852-0069

Timing, pace and rhythm are very important in interpersonal communication. If the timing and rhythm between two people do not match, then it is difficult for them ①to develop a good relationship. To take the simplest example of this, for a conversation to develop reasonably, then ②those involved have to speak in turn rather than all together. Think of situations ③which everyone is talking at once. If communication has not already disappeared, it soon will. So, if you wish to have certain outcomes, then it is important to learn the skills ④involved in controlling the pace and timing of an interaction. For example, if your own natural pace is faster than the person with whom you are interacting and you want the interaction to go in a particular way, then you will need to slow ⑤yourself down and to be aware of the other person's manner of pausing and speaking.

2 (A), (B), (C)의 각 네모 안에서 어법에 맞는 표현으로 가장 적절한 것은?   ○ 8852-0070

Large, cosmopolitan cities are characterized by ruder people and more casual insult and violence than small towns or rural areas. Nobody would dream of driving in their home suburb or village as they (A) are / do in Manhattan or central Paris—shaking fists to other drivers, hooting the horn, generally making clear their impatience. It is also widely acknowledged why this is the case. Big cities are anonymous places. You can be as (B) rude / rudely as you like to strangers in New York, Paris or London and run only a minuscule risk of meeting the same people again. What restrains you in your home suburb or village is the acute awareness of reciprocity. If you are rude to somebody, there is a good chance they will be in a position to be rude to you in return. If you are nice to people, there is a good chance your consideration will (C) return / be returned .

*minuscule 아주 작은 **acute 예리한 ***reciprocity 호혜주의

	(A)		(B)		(C)
①	do	......	rude	......	return
②	do	......	rude	......	be returned
③	are	......	rude	......	return
④	are	......	rudely	......	be returned
⑤	do	......	rudely	......	be returned

3 다음 글의 밑줄 친 부분 중, 어법상 틀린 것은?   ○ 8852-0071

Discipline of a young inquisitive kitten may be necessary to protect property and people. Harsh physical discipline is not necessary in young animals and can have the result of making the kitten ①afraid of people. Noise is an effective deterrent to kittens and can intimidate them enough ②to inhibit behavior. This can be accomplished by hand clapping, shaker cans or air horns. Even hissing at a young kitten can be ③intimidated. Another deterrent is the use of "remote punishment." Remote punishment consists of using something to stop the behavior ④that appears unconnected to the punisher. Examples are sprayer bottles, noise makers, and other loud noises. Remote punishment serves to remove the association of the punishment from the person doing it and ⑤place it on the action being performed at the time. Hopefully, this will carry over to other times when the owner is not present and the cat will inhibit the undesirable behavior on its own.

4 (A), (B), (C)의 각 네모 안에서 어법에 맞는 표현으로 가장 적절한 것은?   ○ 8852-0072

As a rule, the greatest market potential exists where the largest numbers of people live. This is why many manufacturing firms today are looking to the large population centers in such countries as India, China, and Russia for what they consider their emerging markets. The term *emerging markets* refers to places within the global economy that (A) has / have recently been opened to foreign trade and where populations are just beginning to accumulate capital that they can spend on goods and services. In China, for example, globalization has led to a huge increase in industrialization, and these industries create jobs for people that allow (B) them / themselves to purchase consumer goods. China's large population base serves as both a great source of labor and an expanding consumer market. Because China has more than 40 cities with populations exceeding a million, transnational companies find the opportunities for low-cost production and expanding consumption there (C) appealing / to appeal .

	(A)		(B)		(C)
①	has	⋯⋯	themselves	⋯⋯	to appeal
②	have	⋯⋯	themselves	⋯⋯	appealing
③	has	⋯⋯	them	⋯⋯	appealing
④	have	⋯⋯	them	⋯⋯	appealing
⑤	has	⋯⋯	them	⋯⋯	to appeal

memo

memo

memo

memo

memo

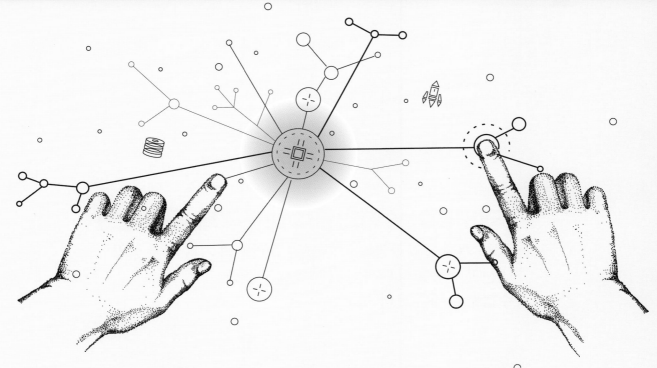

올림포스

[국어, 영어, 수학의 EBS 대표 교재, 올림포스]

2015 개정 교육과정에 따른 모든 교과서의 기본 개념 정리
내신과 수능을 대비하는 다양한 평가 문항
수행평가 대비 코너 제공

국어, 영어, 수학은 EBS 올림포스로 끝낸다.

[올림포스 16책]

국어 영역 : 국어, 현대문학, 고전문학, 독서, 언어와 매체, 화법과 작문
영어 영역 : 독해의 기본1, 독해의 기본2, 구문 연습 300
수학 영역 : 수학(상), 수학(하), 수학 I , 수학 II , 미적분, 확률과 통계, 기하

정답과 해설

단기간에 내신을 끝내는 유형별 문항 연습

ON

단숨에 켠다.

단기 특강

영어독해 어법편

단숨에 켠다.

EBS 단기 특강 영어독해 어법편

정답과 해설

정답과 해설

Part I 문장의 기본 요소

Day 1 주어와 술어

본문 8~9쪽

확인 테스트

1 ④	2 ②

1
정답 ④

소재 Aso oke 직물

해석 Aso oke 직물은 예복을 만드는 데 사용되는, 복잡하게 짜인 천이다. 그것은 Nigeria의 Yoruba 남성들이 만들어 낸다. 그 직물은 짜서[엮어서] 천 조각이 되는 염색실로 만들어진 정교한 무늬로 장식된다. 이러한 천 조각은 함께 꿰매어져서 더 큰 조각을 만들어 낸다. '고급 옷감'이라고 불리는 일부 Aso oke 직물은 복잡한 개방형 무늬의 레이스와 같은 생김새가 있다. Aso oke 직물에 사용되는 무늬와 색깔에는 특별한 의미가 있다. 'allure'라고 불리는 자홍(紫紅)색을 띤 염료는 Yoruba 사람들 사이에서 으뜸으로 쳐진다. 어떤 디자인은 특별히 여자들의 옷을 위한 것이고 또 어떤 것들은 남성들을 위한 것이다. 그 직물은 치마, 셔츠, 바지를 포함한 수많은 의복 스타일을 만드는 데 사용된다. Aso oke 직물로 만든 많은 의복들은 그 지역 이슬람 종교에서 받은 강력한 영향을 반영하는데, 머리 덮개와 수수한 가운이 어디에나 널리 퍼져 있다. 사용된 천의 양과 무늬는 입은 사람의 부를 나타낸다.

해설

④ [**Many** {of the clothes made from Aso oke cloth}] **reflects** the strong influence of the Muslim religion in the area, ~.

[ ]로 표시된 부분은 문장의 주어인데, 주어의 핵심 요소는 Many이고 { }는 Many를 수식하는 어구이다. 따라서 Many와 호응하는 동사는 복수 형태인 reflect가 되어야 한다.

① [These **strips** {of cloth}] **are** sewn together to form larger pieces.

[ ]로 표시된 부분은 문장의 주어인데, 핵심 요소는 strips이고 { }는 strips를 수식하는 어구이다. 따라서 strips와 호응하는 복수 형태의 동사 are는 적절하다.

② [Some Aso oke **cloth**, {called "prestige cloth}]," **has** a lace-like ~.

[ ]로 표시된 부분은 문장의 주어인데, 핵심 요소는 cloth이고 { }는 cloth를 부가적으로 설명하는 어구이다. 따라서 cloth와 호응하는 단수 형태의 동사 has는 적절하다.

③ [**Patterns and colors** {used for Aso oke cloth}] **have** special meanings.

[ ]로 표시된 부분은 문장의 주어인데, 핵심 요소는 Patterns and colors이고 { }는 그것을 수식하는 어구이다. 따라서 Patterns and colors와 호응하는 복수 형태의 동사 have는 적절하다.

⑤ [{The **amount** of fabric} and {the **patterns**} used] **indicate** the wealth ~.

[ ]로 표시된 부분은 문장의 주어인데, 그 안에 { }로 표시된 두 개의 명사구가 and로 연결되어 있다. 따라서 복수 형태의 주어와 호응하는 복수 형태의 동사 indicate는 적절하다.

2
정답 ②

소재 소리의 저장

해석 오늘날 음성과 음악은 보통 디지털 방식으로 기록되고 저장된다. 이렇게 하기 위해 마이크에서 오는 전기 신호는 초당 몇 천 번 샘플 녹음이 된다. 측정값은 그러고 나서 나중에 컴퓨터에서 처리할 수 있도록 부호화하여 저장된다. 음악은 컴퓨터의 하드 드라이브나 다른 저장 매체에 MP3 파일 형태로 저장될 수 있다. 데이터의 막대한 용량은 다양한 기법을 사용하여 축소된다. 예를 들어, 인간이 실제로 들을 수 있는 녹음 요소만 저장이 된다. 반면에, CD는 영상 저장 매체이다. 그것은 알루미늄 층으로 된 플라스틱 디스크와 투명 코팅으로 이루어진다. 디지털화된 소리 신호는 알루미늄 층 안의 일련의 작은 자국 안에 저장된다. 재생 장치는 반도체 레이저 빔을 사용하여 디스크로부터 데이터를 읽는다. 그리하여 원래의 전기 신호는 스피커를 통해 다시 소리로 변형될 수 있다.

해설

(A) To do this, [electrical **signals** {coming from the microphone}] **are / is** sampled several thousand times per second.

[ ]로 표시된 부분은 문장의 주어인데, 주어의 핵심 요소는 signals이고 { }는 electrical signals를 수식하는 분사구이다. 따라서 signals와 호응하는 동사는 복수 형태인 are가 적절하다.

(B) For example, only [the **components** of the

recording {that humans can actually hear}] are / is stored.

[ ]로 표시된 부분은 문장의 주어인데, 주어의 핵심 요소는 components이고 { }는 the components of the recording을 수식하는 어구이다. 따라서 components와 호응하는 동사는 복수 형태인 are가 적절하다.

(C) The digitized sound signal [is / to be stored in a series of tiny indentations in the aluminum layer].

[ ]로 표시된 부분은 문장의 술어인데, 이 술어의 핵심 요소는 동사 be이다. 완전한 문장의 술어동사에는 반드시 시제와 일치 요소가 표시되어야 하므로 동사 be의 형태는 is가 적절하다.

Day 2 목적어

1
정답 ⑤

소재 양치기 소년의 하룻밤

해석 소년의 이름은 Santiago였다. 소년이 자신의 가축 무리와 함께 버려진 교회에 도착했을 때 황혼이 깃들고 있었다. 지붕은 오래전에 무너졌고, 언젠가 성구 보관실이 있었던 자리에는 거대한 플라타너스 나무가 자라고 있었다. 그는 그날 밤을 거기에서 보내기로 작정했다. 그는 반드시 모든 양들이 폐허가 된 문으로 들어가도록 했다. 그러고 나서 그는 양떼가 야간에 거기서 벗어나지 못하도록 그 문에 가로로 널빤지를 몇 장 걸쳐 놓았다. 그 지역에 늑대는 없었지만 일단 양 한 마리가 야간에 벗어나기라도 하면 소년은 다음날 종일 그것을 찾아야 했다. 그는 자기 재킷으로 바닥을 쓸고 자신이 막 읽고 난 책을 베개 삼아 누웠다. 그는 더 두꺼운 책을 읽기 시작해야 할 것이라고 자신에게 말했다. 왜냐하면 그것은 (다 읽는 데 시간이) 더 오래 걸리고 더 편안한 베개가 되었으니까.

해설

⑤ He **told** himself [**what** {he would have to start reading thicker books}]: ~.

[ ]로 표시된 부분은 told의 직접목적어이고, 그 안의 { }는 모든 필수 요소가 갖추어진 완전한 절이다. 따라서

이 절을 이끄는 요소는 what이 아니라 that이어야 한다.

① He decided [**to spend** the night there].

[ ]로 표시된 부분은 decided의 목적어 역할을 하는 to부정사구이다. 따라서 to부정사구를 이끄는 to spend는 적절한 형태이다.

② He saw to it [**that** all the sheep entered through the ruined gate].

'반드시 ~하도록 조처하다'라는 뜻을 나타내는「see to it that ~」구문이다. 따라서 that절을 이끄는 that은 적절한 요소이다.

③ And then he laid some planks across it [to prevent the flock **from** {**wandering** away during the night}].

[ ]로 표시된 부분은 목적을 나타내고, 그 안의 { }는 전치사 from의 목적어 역할을 하는 동명사구이다. 따라서 wandering은 적절한 형태이다.

④ He swept the floor with his jacket and lay down, using [the book {he had just **finished reading**}] as a pillow.

[ ]로 표시된 부분은 using의 목적어이다. 그 안의 { }는 the book을 수식하는 관계절이고, finished는 동명사구를 목적어로 취한다. 따라서 reading은 적절한 형태이다.

2
정답 ②

소재 아이의 유머 발생 시기

해석 유아에게서 유머가 언제 처음 발생하는지에 대한 의문은 풀기가 불가능할 수도 있는데, 왜냐하면 그것은 어느 정도는 우리가 어떻게 유머를 규정하는가에 달려있기 때문이다. 우리가 말할 수 있는 최상의 것은 아마 유머가 놀이에서 비롯되어 아이의 인지 능력이 개발되면서 서서히 다른 형태의 놀이로부터 차별화된다는 것 정도일 것이다. 오늘날 대부분의 연구원들은 미소와 웃음 같은 명시적인 행동에 초점을 맞추고 유머와 같은 주관적 인지 경험에 관해 추론하는 것은 피하면서 아이들에게서 유머가 언제 시작되는가 하는 문제는 피해가는 것 같다. 그럼에도 불구하고 대다수는 아이들이 두 살이 끝날 때쯤 되면 유머와 다른 형태의 놀이를 구분할 수 있다는 것에 동의할 것이다. 이는 또한 아이들의 발전하는 언어 능력이 그들로 하여금 특정 사건에 대해 비웃을 뿐 아니라 '재미있다'거나 '바보 같다'고 말할 수 있게 하면서 더 분명해진다.

해설

(A) ~, since it depends in part on [**how** / what] {one defines humor}].

[ ]로 표시된 부분은 전치사 on의 목적어 역할을 하는 의문절인데, 그 안의 { }가 주어와 목적어 등 필수 요소를 모두 갖추고 있다. 따라서 선택 요소인 how가 적절하다.

(B) ~, [focusing on overt behaviors like smiling and laughter] and [**avoiding** { **making** / to make } inferences about subjective cognitive experiences such as humor}].

두 개의 [ ]가 and로 대등하게 연결되어 있다. 두 번째 [ ] 안의 { }는 avoiding의 목적어 역할을 하는 동명사구이다. 따라서 동명사구를 이끄는 동명사 making이 적절하다.

(C) This also becomes more evident as children's developing language skills enable them to describe certain events as "funny" or "silly," **in addition to** [laugh / **laughing**] at them].

[ ]로 표시된 부분은 전치사 in addition to의 목적어 역할을 하는 동명사구이다. 따라서 동명사구를 이끄는 동명사 형태인 laughing이 적절하다.

Day 3 보어

확인 테스트
본문 16~17쪽

1 ③　　　　2 ⑤

1
정답 ③

소재 스쿼시 선수

해석 내가 지도를 해주겠다고 승낙한 어떤 한 스쿼시 선수는 나에게 자신이 경기하는 것을 봐달라고 요청했다. 문제의 그날 내가 늦게 도착했기 때문에 그는 내가 언제 거기 있었는지 알지 못했다. 나는 곧바로, 그가 잘 친 공은 보아하니 별 주목을 받지 못한 채 지나가는데 잘 못 친 공에 대해서는 성난 악담과 계속되는 욕설로 '보상한다'는 것을 알아차렸다. 나는 그의 경기가 끝나고 나서 그에게 이것에 대해 물었다. "자신에게 화를 내는 것이 조금이라도 더 잘 치게 해주나요?"라고 물어 보았다. 그가 한 대답은 어쩌면 너무 뻔한 것이었다.

나는 말했다. "그게, 음, 매번 잘 못 치고 나서 자신에게 악담을 하는 대신 잠시 멈춰 자신이 공을 정확하게 친 것을 떠올려 보세요." 그는 이 기술을 되풀이하여 시도했고, 오래지 않아 그것은 효과를 내기 시작해서 그는 훨씬 더 훌륭한 선수가 되었다. 그는 나중에 내게 말했다. "이것은 너무나 쉽고 느낌이 너무나 좋아서 마치 제가 거의 속임수를 쓰고 있는 것 같습니다."

해설

③ "Does [**getting angrily** with yourself] make you play any better?" ~.

[ ]로 표시된 부분은 문장의 주어이고, 이 문맥의 getting은 주격 보어를 필요로 한다. 따라서 angrily는 형용사 형태인 angry가 되어야 한다.

① One particular squash player I agreed to coach invited me [to **watch** him **play**].

[ ]로 표시된 부분은 invited의 목적격 보어이고, 그 안의 play는 지각동사 watch의 목적격 보어이다. 따라서 to가 없는 부정사구 play는 적절한 형태이다.

② Very quickly I noticed [that {while his good shots **went** seemingly **unnoticed**}, ~].

[ ]로 표시된 부분은 noticed의 목적어 역할을 하는 that절이다. 그 안의 { }는 대조를 나타내는 while절이고, unnoticed는 went의 주격 보어 역할을 하는 요소이다. 따라서 unnoticed는 적절한 형태이다.

④ [The answer he gave] **is** probably **obvious**.

[ ]로 표시된 부분은 문장의 주어이고, obvious는 is의 주격 보어이다. 따라서 형용사 obvious는 적절한 형태이다.

⑤ "This is so easy and **feels** so **good** [that it almost seems as though I am cheating]."

so가 수식하는 어구는 원인을, [ ]는 그 결과를 나타낸다. so good은 feels의 주격 보어 역할을 하는 형용사구이다. 따라서 형용사 good은 적절한 형태이다.

2
정답 ⑤

소재 가치

해석 가치는 인생에서 중요하다고 여기는 것에 대한 한 사람의 믿음으로 규정된다. 가치는 행동을 이끌고, 행동에 동기를 부여하는 자극제를 제공하고, 우리가 행동을 평가하는 기준을 제공하는 핵심 믿음이다. 예를 들어 전념, 책임, 건강을 중시하는 운동선수는 자신의 높은 수준의 운동 경기력과 양호한 건강을 촉진하는 규칙적인 일과와

장기적 습관을 개발하는 경향이 있을 것이다. 고도로 숙련된 운동선수들은, 그리고 그들의 코치들은, 자신들이 스포츠에 성공적으로 참가하는 것에 대해 열정적인 감정을 가진다. 오랜 시간의 연습과 신체 훈련이 자신들의 최선의 수행을 보여줄 목적으로 행해진다. 이상적으로 보면, 이러한 열정적인 감정은 운동선수의 핵심 가치, 즉 운동선수가 확신을 느끼는 것과 연결되어 있으며, 그 운동선수의 일상적 습관과 생활 방식에 통합된다.

해설

(A) Values are defined as a person's beliefs about [what they **consider** important / importantly in life].

[ ]로 표시된 부분은 전치사 about의 목적어이고, 이 문맥에서 동사 consider는 목적격 보어를 필요로 한다. 따라서 부사가 아닌 형용사 important가 적절하다.

(B) Highly skilled athletes—and their coaches— **feel** passionate / passionately about their successful involvement in sport.

이 문맥의 동사 feel은 주격 보어를 필요로 한다. 따라서 부사가 아닌 형용사 passionate가 적절하다.

(C) Ideally, this passionate feeling is linked with the athlete's core values, that is, [**what** the athlete **feels** strong / strongly **about** and is integrated into their daily habits and lifestyle].

[ ]로 표시된 부분 안에서 feels about은 관계사 what을 목적어로 취하고 있다. 따라서 필요한 것은 보어가 아니라 동사구를 수식하는 부사어구이므로 부사 strongly가 적절하다.

Day 4 명사구의 대용

확인 테스트

본문 20~21쪽

1 ④	2 ②

1

정답 ④

소재 식사 풍습

해석 식사 풍습은 다른 집단과의 접촉에 문화적 장벽으로 작용할 수 있는, 민족성의 한 중요한 측면이다. 대부분의 문화권에서 식사는 대단히 사회적인 활동이다. 어떤 음식을, 어떤 방식으로, 얼마나 자주, 특히 누구와 먹는지는 모두 문화마다 다 다른 요인이다. 모든 문화권은 사회적 유대감과 집단 결속을 유지하기 위해 음식 나누기를 사용한다. 하나의 좋은 예가 힌두교의 인도인데, 여기에서 사람들은 다른 계급 구성원과 함께 식사하는 것이 엄격하게 금지된다. 어떤 사회에서는 식사의 공동체적 측면들이 미국에서 그것들이 그러한 것보다 훨씬 더 크게 강조된다. 예를 들어 에티오피아의 암하라 말 사용자들은 공동의 바구니로부터 음식을 먹을 뿐 아니라 특별한 사회적 행사 때는 실제로 음식을 자기 자신의 입보다는 서로의 입안에 넣어준다. 더욱이 특정 음식 금기를 만들어 유지함으로써 문화권은 그러한 금지 규정을 인정하지 않는 다른 문화권으로부터 자신들을 구별한다.

해설

④ For example, **Amharic speakers from Ethiopia** not only [eat food from a common basket] but [on special social occasions actually put the food into one another's mouths rather than into **its** own].

[ ]로 표시된 두 개의 동사구가 「not only X but also Y」로 연결되어 주어 Amharic speakers from Ethiopia의 술어 역할을 한다. 따라서 내용상 복수 형태의 주어(핵심 요소는 speakers)를 대신해야 하므로 its는 복수 형태 their가 되어야 한다.

① What foods are eaten, in what manner, how often, and particularly with whom are all factors that vary from **one culture** to **another**.

one culture와 호응하는 another는 another culture를 대신한다. 따라서 대용 another는 적절한 형태이다.

② A good illustration is Hindu India, where people are strictly forbidden from eating with members of **other** castes.

other castes는 범위가 한정되지 않은 다른 계급을 나타낸다. 따라서 대용 other는 적절한 형태이다.

③ In some societies **the communal aspects of eating** are emphasized to a far greater degree than [**they** are (emphasized) in the United States].

[ ]로 표시된 부분 안에 이미 언급된 emphasized가 생략된 것으로 이해할 수 있으며, 내용상 they는 the communal aspects of eating을 대신한다. 따라서 복수 형태의 명사구(핵심 요소는 aspects)를 대신하는 they는 적절한 형태이다.

⑤ Moreover, by creating and maintaining certain food taboos, [**cultures** set **themselves** apart from other cultures that do not recognize such prohibitions].

[ ]로 표시된 절 안에서 술어동사 set의 주어 cultures 와 목적어 themselves가 같은 대상이다. 따라서 cultures의 대용 themselves는 적절한 형태이다.

2
정답 ②

소재 크로마뇽인의 바늘

해석 크로마뇽인의 가장 중요한 발명품 중 하나는 바늘이었다. 바늘은 동물의 뼛조각으로 만들어졌는데, 그것들은 날카롭게 갈아 한쪽 끝은 바늘 끝이 되었고 다른 쪽 끝은 바늘귀가 있었다. 바늘을 사용하여, 크로마뇽인은 신중히 자른 모피 조각을 더 잘 맞는 옷이 되도록 꿰맬 수 있었다. 증거가 보여주는 바에 따르면, 크로마뇽인은 숄, 후드, 긴 부츠뿐 아니라 자신들을 추위로부터 보호해줄 몸에 꼭 맞는 바지와 셔츠도 개발했다. 그들은 가죽을 부드럽게 만들기 위해 무두질을 하는 법을 배우지 않았기 때문에 동물 가죽이 처음에는 뻣뻣했겠지만 되풀이하여 입으면서 그것은 매우 부드럽고 편안해졌을 것이다. '고대인의 지도책'의 저자 Jacquetta Hawkes는 크로마뇽인의 옷이 제작상의 탁월성에서 현대 이뉴잇 족 사람들의 그것에 필적했다고 믿는다.

해설

(A) ~; they were sharpened to a point at one end and had an eye at other / **the other** end.

바늘 끝과 바늘귀라는 두 부분으로 이루어진 대상에서 하나는 one으로 대신하고 다른 하나는 the other로 대신한다. 따라서 the가 포함된 the other가 적절하다.

(B) Evidence suggests that Cro-Magnon people developed close-fitting pants and shirts [that would protect **them** / themselves from the cold], ~.

[ ]로 표시된 관계절에서 주어인 관계사 that(= close-fitting pants and shirts)과 Cro-Magnon people을 가리키는 목적어는 대상이 다르다. 따라서 복수 형태의 명사구 Cro-Magnon people을 대신하는 them이 적절하다.

(C) Jacquetta Hawkes, author of *The Atlas of Early Man*, believes [that **Cro-Magnon clothes** approached that / **those** of modern Inuit peoples in their excellence of construction].

[ ]로 표시된 부분의 동사 approached의 목적어는 문맥상 Cro-Magnon clothes의 일부인 clothes를 대신해야 한다. 따라서 복수 형태의 명사구 일부를 대신하는 those가 적절하다.

Day 5 수식과 비교

1
정답 ④

소재 시간제한을 두는 전화

해석 시간제한을 두는 전화가 중요할 수도 있겠지만 그것들은 가급적 능률적으로 다뤄져야 한다. 예를 들어 작업 팀의 구성원 한 명이 여러분이 함께 작업하고 있는 보고서에 관한 특정한 질문으로 전화를 걸어올지 모른다. 여러분은 일 분정도 그것에 대해 대답을 한다. 그리고 나서 그는 다음 20분을 자신이 최근 다녀온 휴가에 대해 얘기하는 데 쓴다. 이것은 최우선 순위의 작업을 지연할 수 있는 진짜 시간 낭비 요인이다. 이런 종류의 전화에 제한을 두는 것은 지극히 중요하다. 그렇지 않으면 여러분은 귀중한 시간을 낭비하게 될 것이기 때문이다. 동료가 자기 휴가에 대해 얘기하고 싶어 하는데 여러분은 완수해야 할 프로젝트가 있다면 무례하게 그와의 통화를 중단할 필요는 없다. 상황에 대해 가능한 한 상냥하게 다음과 같이 설명하라. "미안하지만 정말이지 이 일을 처리해야 해요. 나중에 전화를 드리거나 점심을 함께 하며 봐도 될까요? 휴가에 대해 정말 듣고 싶어요." 필요하면 그에게 전화를 하겠다고 약속하고 여러분의 일정표에 적어두어라.

해설

④ **Explain the situation** [as **pleasant** as possible] : ~.

[ ]로 표시된 부분은 동사구 Explain the situation을 수식하는 부사어구이다. 따라서 핵심 요소가 부사여야 하므로 형용사 pleasant는 부사 pleasantly가 되어야 한다.

① ~, but they should **be handled** [as **efficiently** as possible].

[ ]로 표시된 부분은 동사구 be handled를 수식하는 부사어구이다. 따라서 핵심 요소가 부사여야 하므로 efficiently는 적절한 형태이다.

② It's **essential** to put a limit on these types of calls; ~.

이 문맥의 술어동사 is는 주격 보어를 필요로 하는 동사이다. 따라서 주격 보어 역할을 하는 형용사 essential은 적절한 형태이다.

③ ~, you don't have to **cut him off rudely**.
rudely는 동사구 cut him off를 수식하는 부사어구이다. 따라서 핵심 요소가 부사여야 하므로 rudely는 적절한 형태이다.

⑤ Make an appointment to call him, [if (it is) **necessary**], and ~.
[ ]로 표시된 부분 안에 ( )로 표시된 부분이 생략된 것으로 이해할 수 있다. 생략된 is는 이 문맥에서 주격 보어를 필요로 하는 동사이다. 따라서 주격 보어 역할을 하는 형용사 necessary는 적절한 형태이다.

2   정답 ⑤

소재 바오밥 나무 열매

해석 바오밥 나무 열매는 여러 가지 바람직한 특성이 있기 때문에 인기 있는 식품이 되어가고 있다. 전통적으로 그것은 매우 영양가 높고 맛있는 어린이용 간식으로, 임신부의 식이보조제로, 복통, 열, 말라리아를 없애 주는 약으로, 그리고 물과 결합되면 상쾌하게 톡 쏘는, 레모네이드와 유사한 음료수로 사용되었다. 그것은 유난히 영양가가 높은데, 고급 산화 방지제와 칼슘, 칼륨, 철, 마그네슘과 같은 필수 미네랄, 그리고 오렌지 한 개의 두 배 분량의 비타민 C를 함유하고 있다. UN이 수행한 연구에서, 물과 바오밥 나무 열매 가루 용액은 세계 보건 기구에서 사용하는 표준 규격의 치료제보다 어린이 탈수에 더 효과적인 치료제로 알려졌다. 오늘날 바오밥 나무 열매 가루는 스무디, 주스, 아침 식사용 시리얼, 시리얼 바, 간식, 아이스크림, 요구르트, 잼, 소스, 양념장, 특제품 차, 건강보조식품을 포함한, 국제적으로 판매되는 광범위한 식료품과 음료 제품에 사용되고 있다.

해설

(A) Traditionally it was used as [a high / **highly** **nutritious and tasty** snack for children]; ~.
[ ]로 표시된 부분은 as의 목적어 역할을 하는 명사구이다. 따라서 (A)의 네모는 내용상 형용사구 nutritious and tasty를 수식하는 '대단히, 매우'라는 의미의 부사여야 하므로 highly가 적절하다.

(B) It is exceptionally nutritious, containing high levels of antioxidants, essential minerals such as calcium, potassium, iron, and magnesium, and [as twice / **twice as** much vitamin C **as** an orange].

[ ]로 표시된 부분에서, 두 비교 대상 It과 an orange의 비타민 C 함유량 사이에 두 배 차이가 날 때, 「as ~ as ….」의 동등 비교 표현 앞에 'N times'라는 어구를 더한다. 따라서 twice (= two times) as가 적절하다.

(C) Today baobab fruit powder is being used in a wide variety of food and drink products [sold international / **internationally**], ~.
[ ]로 표시된 부분은 a wide variety of food and drink products를 수식하는 분사구이다. 따라서 분사 sold를 수식하는 요소는 부사여야 하므로 internationally가 적절하다.

Day 6 경향과 대책 I   본문 26쪽

기출 예제   정답 ②

소재 개인의 약점

해석 여러분은 자신의 강점과 약점에 대하여 스스로에게 정직한가? 자기 자신에 대해 확실히 알도록 하고 자신의 약점이 무엇인지를 파악하라. 자기 문제에서 자신의 역할을 받아들이는 것은 해결책이 자신 안에 있다는 것을 이해한다는 뜻이다. 여러분이 특정 분야에 약점이 있다면, 스스로 사태를 개선하기 위해 배우고 해야 할 것을 하라. 여러분의 사회적 이미지가 형편없다면, 그것을 오늘 당장 개선하기 위해 자신의 내면을 들여다보고 필요한 조치를 취하라. 여러분은 삶에 대응하는 방법을 선택할 능력이 있다. 오늘 당장 모든 변명을 끝내기로 결심하고, 일어나고 있는 일에 대해 스스로에게 거짓말하는 것을 멈춰라. 성장의 시작은 여러분이 자신의 선택에 대한 책임을 스스로 받아들이기 시작할 때 일어난다.

구문

▶ 6행 : You have the ability [to choose {how to respond to life}].
[ ]로 표시된 부분은 the ability를 수식하는 to부정사구이다. 그 안의 { }는 choose의 목적어 역할을 하는 「의문사 + to부정사구」이다.

▶ 7행 : The beginning of growth comes [when you begin {to personally accept responsibility for your choices}].
[ ]로 표시된 부분은 문장에 '시간'이나 '조건'의 의미를 더 하는 when절이고, 그 안의 { }는 begin의 목적어 역할을 하는 to부정사구이다.

Part Ⅱ 수동태와 분사구

Day 7 수동태

확인 테스트
본문 30~31쪽

1 ④	2 ①

1
정답 ④

소재 물속에 존재하는 산소와 수소

해석 산소와 수소가 물속에 존재한다면, 그것은 분명히 가상의 상태에 있다. 그것들은 잠재적으로 존재하며, 적절한 상황에서 물 분자를 분해함으로써 얻어질 수 있다. 이것은 전류가 물 샘플을 통과할 때 실제로 발생하는 것이다. 어떤 특수 장치를 사용하면, 직류가 물 샘플을 통과하고, 그 결과 한 종류의 기체가 양극에서 모이고 다른 종류의 기체가 음극에서 모인다. 짧은 시간 내에, 우리는 양극에서 일정량의 산소가 생성되고 음극에서 두 배의 수소가 생성되는 것을 관찰한다. 그런 다음 각각의 기체는 가연성을 알아내기 위해 작은 불꽃으로 검사될 수 있다. 그때 이전에 잠재적으로 거기에 있었던 것이 이제 실현되었다는 것이 분명해진다.

해설

④ **Each gas** [can then **test** with a small flame in order to determine its combustibility].

[ ]로 표시된 술어의 주어는 Each gas이다. 그 주어가 검사하는 동작(test)의 대상이므로 수동태로 표현되어야 한다. 따라서 test가 아니라 be tested가 되어야 한다.

① ~, under the right circumstances, **they** [can **be obtained** by breaking down the water molecule].

[ ]로 표시된 술어의 주어는 they이다. they가 얻는 동작(obtain)의 대상이므로 수동태로 표현한 것은 적절하다.

② This is what actually **happens** when an electrical current is passed through a sample of water.

happens는 목적어가 필요 없는 동사로서 동작의 영향을 받는 대상이 없다. 따라서 수동태로 표현하지 않은 것은 적절하다.

③ ~ **one kind of gas** [is collected at the anode and the other kind at the cathode].

[ ]로 표시된 술어의 주어는 one kind of gas이다. 그

주어가 수집하는 동작(collect)의 대상이므로 수동태로 표현한 것은 적절하다.

⑤ ~ [**what was previously there potentially**] [has now **been actualized**].

두 번째 [ ]로 표시된 술어의 주어는 첫 번째 [ ]로 표시된 what절이다. 그 주어가 실현하는 동작(actualize)의 대상이므로 수동태로 표현한 것은 적절하다.

2
정답 ①

소재 스포츠 참여 요인

해석 우리가 어렸을 때, 우리 가족은 외부인보다 우리에게 더 많은 영향을 준다. 예를 들어, 부모님이 스포츠에 참여하였고, 여러분을 스포츠 경기에 데려갔으며, 여러분이 기본 스포츠 기술을 배우는 데 도움을 주었고, (스포츠에) 참여하도록 격려했다면, 여러분이 스포츠를 시도해 보았을 가능성이 충분하다. 그렇지 않으면, 여러분은 조부모, 숙모, 삼촌 또는 더 나이가 많은 형제자매와 같은 다른 가족 구성원에 의해 스포츠에 참여하도록 격려를 받았을지도 모른다. 어느 경우든, 여러분이 스포츠를 시도했다면, 그것을 계속할 것인지에 관한 여러분의 결정은 여러분이 코치와 다른 선수들에 의해 만들어진 환경에서 편안함을 느꼈는지 여부를 포함하는 중요한 요인들에 의해 영향을 받았다. 실제로, 코치, 교사, 캠프 상담가, 그리고 더 나이가 많은 아이들은 우리가 삶에서 중요한 것이 무엇인지 알아내려고 노력할 때 우리에게 강력하게 영향을 줄 수 있다. 게다가, 스포츠에 관한 여러분의 태도는 경기에서 여러분 자신의 성공이나 실패로 인해 형성되었을지도 모른다.

해설

(A) Alternatively, **you** [may have been **encouraged** / encouraging to participate in sport by other family members], ~.

[ ]로 표시된 술어의 주어는 you이다. you가 권장하는 동작(encourage)의 대상이므로 수동태로 표현하는 encouraged가 적절하다.

(B) ~, if you tried a sport, [your decision about whether to continue it] [was **influenced** / influencing by critical factors], ~.

두 번째 [ ]로 표시된 술어의 주어는 첫 번째 [ ]로 표시된 명사구이다. 그 주어가 영향을 주는 동작(influence)의 대상이므로 수동태로 표현하는 influenced가 적절하다.

(C) ~, [your attitude about sport] [may have been **shaped** / shaping by your own success or failure in competition].

두 번째 [ ]로 표시된 술어의 주어는 첫 번째 [ ]로 표시된 명사구이다. 그 주어가 형성하는 동작(shape)의 대상이므로 수동태로 표현하는 shaped가 적절하다.

Day 8 분사구

확인 테스트   본문 34~35쪽

1 ⑤	2 ③

1   정답 ⑤

소재 나폴레옹과 Brissac 공작 부인의 일화

해석 나폴레옹의 대화 스타일은 거의 완벽하게 예측 가능했다. 자기의 손님의 이름을 물어 본 후에, 그는 보통 "프랑스의 어느 지역에서 왔는가?"와 "몇 살인가?"라고 계속 질문하곤 했다. 이 사실을 알고 있었기 때문에, 귀가 들리지 않는 Brissac 공작부인은 적절한 답변을 미리 연습했다. 그러나 그녀의 이름을 듣자마자, 나폴레옹은 이번에는 그녀가 누구인지를 알아차리고 평소의 두 번째와 세 번째 질문을 생략했다. 그녀의 시동생인 Brissac 공작이 1792년 베르사유에서 루이 16세의 경비대 지휘관으로서 살해되었다는 것을 기억하고 있었기 때문에, 그는 그녀와 그녀의 남편이 재산을 상속받는지를 물었다. "Seine et Oise에서 왔습니다, 폐하,"라고 그 공작부인은 대답했다. 다소 놀랐지만 나폴레옹은 "자녀가 있는가?"라고 (질문을) 강행했다. 그 공작부인은 밝게 웃었다. "52세입니다, 폐하,"라고 그녀는 말했다.

해설

⑤ [Slightly **surprising**], [**Napoleon** pressed on with "Have you any children?"]

두 번째 [ ]로 표시된 주절에 부사절처럼 양보의 정보를 제공하고 있으므로 분사구로 표현한 것은 적절하다. 이 분사구의 의미상 주어는 주절의 주어인 Napoleon이다. Napoleon이 놀라게 하는 동작(surprise)의 대상이므로 과거분사로 표현되어야 한다. 따라서 surprising이 아니라 surprised가 되어야 한다.

① [**Having asked** his guest's name], [he would usually go on with ~ and "How old are you?"]

두 번째 [ ]로 표시된 주절에 부사절처럼 시간의 정보를 제공하고 있으므로 분사구로 표현한 것은 적절하다. 분사

구의 시제가 주절의 시제보다 앞서기 때문에 분사구는 Having V-en으로 시작했다.

② [**Aware** of this], [the deaf Duchesse de Brissac rehearsed appropriate responses].

두 번째 [ ]로 표시된 주절에 부사절처럼 이유의 정보를 제공하고 있으므로 분사구로 표현한 것은 적절하다. 원래의 분사구인 Being aware of this에서 Being이 생략되었다.

③ ~, **Napoleon** for once [**realized** who she was and dispensed with his usual second and third questions].

Napoleon은 주어이고, [ ]로 표시된 부분이 술어이다. 술어의 핵심 요소인 술어동사로서 시제와 태의 정보를 담아 realized로 표현한 것은 적절하다.

④ [**Remembering** that her brother-in-law, the Duc de Brissac, had been killed as commander of Louis XVI's guard at Versailles in 1792], [**he** asked ~].

두 번째 [ ]로 표시된 주절에 부사절처럼 이유의 정보를 제공하고 있으므로 분사구로 표현한 것은 적절하다. 이 분사구의 의미상 주어는 주절의 주어인 he이다. he가 기억하는 동작(remember)의 행위자이므로 현재분사로 표현한 것은 적절하다.

2   정답 ③

소재 살짧은꽃잎버섯

해석 그 오렌지 껍질을 버리지 마라! 사람들이 주변을 돌아다니기 위해 폐유를 사용할 수 있다면, 부엌에서 나오는 먹다 남은 음식을 사용하는 것은 어떤가? 2008년에, 몬타나 주립 대학의 과학자들은 기자들에게 그들이 파타고니아에서 발견한 흥미로운 나무 버섯에 대해 말했다. 무엇이 과연 버섯을 흥미로운 것으로 만들 수 있을까? '살짧은꽃잎버섯'은 부엌에서 나오는 모든 식물 기반의 먹다 남은 음식을 휘발유에서 발견되는 많은 분자들을 가진 액체로 바꿀 수 있다. (분자는 너무 작은 물질 입자라서 아주 특별한 현미경 없이는 아무도 볼 수 없다.) 이제 과학자들은 그 버섯이 이 액체를 훨씬 더 많이 만들어 내도록 설득하기 위해 일하고 있는데, 아마도 언젠가 '살짧은꽃잎버섯'에게서 약간의 도움을 얻어 우리는 땅에 화석 연료를 남겨두고, 대신 우리의 냉장고 안에 있는 시든 상추를 가지고 자동차 연료를 만들 수 있을 것이다.

해설

(A) What could possibly [make a fungus excited / **exciting**]?

[ ]로 표시된 동사구에서 make는 목적어(a fungus)와 목적격 보어를 필요로 하는 동사이다. 목적어가 흥미롭게 하는 동작(excite)의 행위자이므로 현재분사인 exciting이 적절하다.

(B) *Ascocoryne sarcoides* can turn all your plant-based kitchen scraps into a liquid with many of [the molecules finding / **found** in gasoline].

[ ]로 표시된 부분은 the molecules가 분사구의 수식을 받아 확장된 명사구이다. 수식을 받는 명사구인 the molecules가 발견하는 동작(find)의 대상이므로 과거분사인 found가 적절하다.

(C) ~, we'll be able to [leave the fossil fuels in the ground] and [**make** / making car fuel with the wilted lettuce that's in our fridges] instead.

[ ]로 표시된 두 개의 동사구가 문맥상 and로 대등하게 연결되어 to로 이어져야 한다. 따라서 make가 적절하다.

Day 9 경향과 대책 II

본문 36쪽

기출 예제　　　　　　　　　　　　정답 ②

소재 최초의 수중 사진

해석 최초의 수중 사진은 William Thompson이라는 영국인에 의해 촬영되었다. 1856년에 그는 간단한 상자형 카메라를 방수 처리하고 막대에 부착하여 남부 잉글랜드 연안의 바다 속으로 내려 보냈다. 10분간의 노출 동안 카메라에 서서히 바닷물이 차올랐지만 사진은 온전했다. 수중 사진술이 탄생한 것이다. 물이 맑고 충분한 빛이 있는 수면 근처에서는 아마추어 사진작가가 저렴한 수중 카메라로 멋진 사진을 찍을 가능성이 상당히 높다. 더 깊은 곳에서는 — 그곳은 어둡고 차갑다 — 사진술이 신비로운 심해의 세계를 탐험하는 주요한 방법이며, 그곳의 95%는 예전에는 전혀 볼 수 없었다.

구문

▶ 6행 : ~, it is quite possible [for an amateur photographer {to take great shots with an inexpensive underwater camera}].

it은 형식상 주어이고 [ ]로 표시된 부분이 내용상 주어이다. an amateur photographer가 { }로 표시된 to부정사구의 의미상 주어이다.

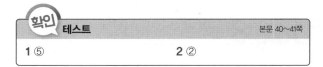

Part III to부정사구와 동명사구

Day 10 to부정사구

확인 테스트　　　　　　　　　　　　본문 40~41쪽

1 ⑤　　　　　　　　　　　　　2 ②

1
　　　　　　　　　　　　　　　정답 ⑤

소재 호혜 규범

해석 호혜 규범은 사회생활의 큰 이익 중 하나를 창출한다. 오늘 나의 부탁 하나를 들어주면, 여러분은 내일 내가 부탁을 하나 들어줄 것을 기대하는 권리를 가진다. 그 주고받는 호의는 우리가 혼자서 할 수 없는 일(예를 들어 무거운 드레서 옮기기)을 해내는 것을 가능하게 하고, 우리 모두가 고르지 못한 시기들을 견뎌 내는 데 도움을 준다(돈이 하나도 없는 오늘 내게 점심을 사라. 그러면 봉급이 들어올 때 네게 점심을 살 것이다). 선물, 호의, 그리고 봉사를 의무적으로 상환하는 것을 통해, 사람들은 지속적인 관계 속에서 서로 연결된다. 이 의무가 미래에 미치는 영향의 범위는 감사를 표현하는 일본어 단어인 'sumimasen'에 잘 함축되어 있는데, 그 말은 글자 그대로 하면 '이것이 끝나지 않을 것이다'를 의미한다. 보답으로 주는 것 없이 받기만 하여 그 규범을 어기는 사람은 누구라도 사회적 반감을 자초하고 관계를 위험에 빠뜨린다. 대부분의 사람들은 보답으로 주는 것이 없이 받을 때 불편하게 느끼는데, 그 이유는 그들이 '받기만 하는 사람' 또는 '빌붙는 사람'으로 불리기를 원하지 않기 때문이다.

해설

⑤ Most people feel uncomfortable receiving without giving in return because **they** don't want [**to label** as "takers" or "moochers."]

[ ]로 표시된 to부정사구는 want의 목적어 역할을 한다. 이 to부정사구의 의미상 주어는 they인데, they가 부르는 동작(label)의 대상이므로 수동태로 표현되어야 한다. 따라서 to label이 아니라 수동태인 to be labeled가 되어야 한다.

① If you do me a favor today, you have [**the right** {**to expect** a favor from me tomorrow}].

[ ]로 표시된 부분은 the right가 { }로 표시된 to부정사구의 수식을 받아 확장된 명사구이다. 따라서 to expect는 적절하다.

② Those traded favors [**allow** us {<u>**to accomplish**</u> tasks we could not do alone ~}].

[ ]로 표시된 동사구에서 allow는 목적어와 목적격 보어를 취하는 동사이다. { }로 표시된 to부정사구가 allow의 목적격 보어 역할을 할 수 있으므로 to accomplish는 적절하다.

③ Through the obligated repayment of gifts, favors, and services, [people {become <u>**connected**</u> to one another ~}].

[ ]로 표시된 절에서 people이 주어이고 { }로 표시된 부분이 술어이다. 술어동사인 become은 주격 보어를 필요로 하는 동사인데, people이 연결하는 동작(connect)의 대상이므로 과거분사가 주격 보어로 와야 한다. 따라서 과거분사 connected는 적절하다.

④ [Anyone who violates the norm by taking without giving in return] [<u>**invites**</u> social disapproval and risks the relationship].

첫 번째 [ ]로 표시된 명사구가 문장의 주어이고 두 번째 [ ]로 표시된 부분이 술어이다. 현재시제 정보를 담는 술어동사는 주어가 초대하는 동작의 행위자이기 때문에 능동태로 표현해야 한다. 따라서 invites는 적절하다.

2

정답 ②

소재 자유

해석 우리 중 많은 사람들이 선택의 힘을 발휘하기를 열망한다. 우리는 자신이 원하는 대로 어떤 선택을 추구하는지 결정하기를 원하며, 때로는 결과에 대한 인식이나 고려 없이 그렇게 한다. 사실, 우리는 어릴 때 우리의 자유와, 우리가 할 수 있는 것 그리고 다른 사람들이 우리에게 또는 우리를 위해 할 수 있는 것과 할 수 없는 것들에 대해 배운다. 이것은 시민으로서 우리가 성장하고 발전할 때 우리에게 매우 유용하고, 우리가 우리 자신과 우리와 관계를 맺고 있는 사람들을 위한 경계를 설정하는 데 도움이 된다. 이것은 물론 자유의 쉬운 부분이자 흔히 가장 흥미로운 부분이다. 더 도전적이고 때로는 겁나는 자유의 부분은 우리의 선택으로 인한 결과에 대한 책임을 받아들이는 것이다. 그러나 우리가 우리 자신의 미래를 선택하는 권리를 행사하고 결과적으로 우리에게 일어나는 일에 대한 책임을 질 때, 우리가 가장 잘 대우를 받는 것은 분명하다.

해설

(A) In fact, **we** are <u>**taught**</u> / teaching at an early age about our freedom and what we can do and what others can and cannot do to or for us.

문맥상 주어인 we가 가르치는 동작(teach)의 대상으로 '배운다'는 의미가 되어야 하므로 수동태인 are taught 가 적절하다.

(B) **This** is very helpful to us as we grow and develop as citizens and [helps us {<u>**establish**</u> / established boundaries for ourselves and for others in relationship to us}].

첫 번째 [ ]로 표시된 동사구의 주어는 This이다. 이 동사구에서 helps는 목적어와 목적격 보어를 취하는 동사이다. { }로 표시된 부분이 helps의 목적격 보어인데 to부정사구나 to가 없는 부정사구가 목적격 보어 역할을 할 수 있으므로 establish가 적절하다.

(C) ~ when we **exercise** [**our right** {choose / <u>**to choose**</u> our own future}] and take responsibility for what happens to us as a result.

[ ]로 표시된 명사구는 동사 exercise의 목적어 역할을 한다. { }로 표시된 부분은 our right를 수식하여 명사구를 확장해야 하므로 to부정사구가 되어야 한다. 따라서 to choose가 적절하다.

Day 11 동명사구

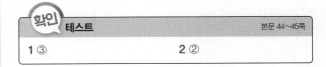

확인 테스트   본문 44~45쪽

1 ③	2 ②

1

정답 ③

소재 집단에 대한 순응

해석 사람들은 자신들이 당면한 일이 해결하기 어려울 때 스스로를 확신하지 못한다. 따라서 Wayne 주립대학교의 연구원들이 학생들에게 수학 문제에 대한 답에 있어서 다수의 입장을 따를 기회를 주었을 때, 가장 많은 순응을 일으킨 문제들은 풀기가 가장 어려운 것들이었다. 많은 추종에서, 어떠한 특정 순간에 무엇을 믿어야 하는지를 아는 것 또한 해결하기 어려운 문제인데, 왜냐하면 그 답이 모호하고 끊임없이 변하는 지도자들의 의견에 근거하기 때문이다. 게다가 추종 집단은 정신적 혼란을 일으키는 극도의 피로와 수면 박탈과 같은 술책을 사용하여 구성원들의 방향 감각 상실감을 늘린다. Steve Hassan은 "그러한 환경에서 대부분의 사람들 내의 성향은 자신을 의심하고 그 집단의 의견을 따르는 것이다."라고 보고한다.

해설

③ In many cults, [**know** what to believe at any given moment] [is also a difficult problem to solve ~].

첫 번째 [　]로 표시된 부분은 문장의 주어이고, 두 번째 [　]로 표시된 부분은 술어이다. 첫 번째 [　]로 표시된 부분이 문장의 주어 역할을 하기 위해서는 동명사구나 to부정사구를 이루어야 하므로 know가 아니라 knowing 또는 to know가 되어야 한다.

① People feel unsure of themselves [when {the task they face} **is** difficult to solve].

[　]로 표시된 when절에서 주어는 {　}로 표시된 명사구이다. 그 명사구의 핵심 요소인 task가 단수이므로 단수 동사인 is와 수를 일치시킨 것은 적절하다.

② Hence, when researchers at Wayne State University **gave** students [the opportunity {**to conform** to the majority position on the answers to math problems}], ~.

[　]로 표시된 부분은 gave의 직접목적어 역할을 하는 명사구이다. the opportunity가 to부정사구의 수식을 받아 확장되어야 하므로 to conform은 적절하다.

④ ~, cult groups often add to their members' sense of disorientation **by** [**using** tactics such as exhaustion and sleep deprivation that create mental confusion].

[　]로 표시된 부분은 전치사 by의 목적어 역할을 한다. 동명사구가 그 목적어 역할을 할 수 있으므로 동명사 using은 적절하다.

⑤ ~, "in such an environment, [the tendency within most people] is [**to doubt** themselves and defer to the group]."

첫 번째 [　]로 표시된 부분이 문장의 주어이고 두 번째 [　]로 표시된 부분은 주격 보어이다. to부정사구가 주격 보어의 역할을 할 수 있으므로 to doubt는 적절하다.

2　　　　　　　　　　　　　　　**정답** ②

소재 지속 가능성

해석 지속 가능성은 사람과 환경 사이의 균형이다. 공기, 물 및 땅은 모두 인간의 행동과 조치에 의해 영향을 받지만, 이러한 영향은 관련된 모든 이들이 편안한 생활을 유지하게 하면서 동시에 그만한 피해를 끼치지 않도록 통제될 수 있다. 지속 가능한 삶의 기술은 내일을 위한 환경을 위태롭게 하지 않고도 오늘의 공동체를 지탱할 수 있는 능력이다. 그러나 지속 가능성을 유지하는 것은 단순히 기업과 정부에 달려 있지 않고, 그것을 자신들의 일상생활로 가져오는 개인들이 영향을 준다. 지속 가능성은 새로운 가치 체계를 가지고 결정을 내리는 것인데, (그 새로운 가치 체계는) 구름처럼 여러분의 머리 위에 걸려 있는 가치 체계가 아니라 오늘 여러분 자신을 지원하면서 동시에 미래 세대를 위한 환경을 보존하기 위해 여러분이 할 수 있는 것이 많이 있다는 그런 합의를 말한다.

해설

(A) ~, but **these impacts** can be **controlled** / controlling so they do not cause as much damage ~.

주어인 these impacts가 통제하는 동작(controll)의 대상이므로 수동태로 표현해야 한다. 따라서 수동태 표현인 be controlled가 적절하다.

(B) [Maintain / **Maintaining** sustainability] [isn't just up to corporations and governments], however; ~.

첫 번째 [　]로 표시된 부분은 문장의 주어이고, 두 번째 [　]로 표시된 부분은 술어이다. 동명사구가 문장의 주어 역할을 할 수 있으므로 Maintaining이 적절하다.

(C) **Sustainability** is [made / **making** decisions with a new set of values ~].

Sustainability는 문장의 주어이고, [　]로 표시된 부분은 주격 보어이다. 동명사구가 보어 역할을 할 수 있으므로 making이 적절하다.

Day 12 경향과 대책 Ⅲ　　　　본문 46쪽

기출 예제　　　　　　　　　　　　　**정답** ③

소재 신문의 만화란

해석 시간을 내서 만화를 읽어라. 단지 그것이 여러분을 웃게 만들기 때문이 아니라 그것이 삶의 본질에 관한 지혜를 담고 있기 때문에 만화를 읽는 것은 가치가 있다. 'Charlie Brown'과 'Blondie'는 나의 아침 일과의 일부이고 내가 미소로 하루를 시작할 수 있게 도와준다. 신문 만화란을 읽을 때, 여러분을 웃게 하는 만화를 잘라 내라.

그것을 여러분이 가장 필요로 하는 곳, 냉장고든 직장에든, 어디에든지 붙여라. 그러면 그것을 볼 때마다 미소를 짓고 기분이 고양되는 것을 느낄 것이다. 모든 사람들 역시 크게 웃을 수 있게 여러분이 좋아하는 것을 친구들 및 가족과 공유해라. 크게 웃는 것을 정말 잘 활용할 수 있는 아픈 친구들을 방문하러 갈 때 여러분의 만화를 가지고 가라.

구문

▶ 6행 : Share your favorites with your friends and family [so that everyone can get a good laugh, too].

[　]로 표시된 부분은 주절에 목적을 나타내는 부사절이다.

Day 13 관계절 Ⅰ

확인 테스트　　　　　　　　　　　　본문 50~51쪽

1 ②	2 ③

1　　　　　　　　　　　　　　　　정답 ②

소재 현지 문화와 관광 산업

해석 한 여행사의 소유주는 이국적인 환경과 문화를 찾아가는 데 관심이 있는 부유한 고객에게 특별 생태 관광 패키지를 홍보하여 성공적인 사업을 구축했다. 그녀는 자신의 고객에게 매우 인기가 있기도 하고 자신의 사업을 위해 수익성도 있는 모로코의 한 관광지에 관한 기사를 읽는다. 그 기사는 모로코의 Berber 문화에 대한 관광의 파괴적인 영향을 기록한다. Imilchil 마을에서는, 해마다 수천 명의 젊은 Berber 남성과 여성이 함께 모여 자신들의 삶의 동반자를 찾는 약혼 의식이 열린다. 다채로운 3일간의 축제가 끝날 때, 수백 명의 젊은 커플이 결혼을 한다. 안타깝게도, Berber인들은 비사교적인 종족이라서 수백 명의 방문객의 존재가 그 축제에 참가하는 젊은이들의 수를 급격하게 줄였다. 2001년에는, 결혼한 부부가 4쌍에 불과했다. 관광 산업으로 인해, 이 문화의 중요한 부분이 빠르게 사라지고 있다.

해설

② She reads an article concerning **a tourist destination in Morocco** [**where** is both extremely popular with her clients and profitable for her business].

[　]로 표시된 부분은 선행사인 **a tourist destination in Morocco**를 수식하는 관계절이다. 선행사가 사물이고 관계절 안에서 주어 역할을 수행하므로 적절한 관계사는 where가 아니라 which이어야 한다.

① ~ by promoting specialty ecotourism packages to **wealthy clients** [**who** are interested in visiting exotic environments and cultures].

[　]로 표시된 부분은 선행사인 **wealthy clients**를 수식하는 관계절이다. 선행사가 사람이고 관계절 안에서 주어 역할을 수행하므로 관계사 who는 적절하다.

③ The article chronicles [the **devastating effect** of tourism on Berber culture in Morocco].

[ ]로 표시된 명사구에서 명사구의 핵심 요소인 effect를 앞에서 수식하므로 형용사 devastating은 적절하다.

④ In the village of Imilchil, **an annual engagement ritual** takes place [**in which** thousands of young Berber men and women come together to find their life partners].

[ ]로 표시된 부분은 선행사인 an annual engagement ritual을 수식하는 관계절이다. 선행사가 사물이고 관계절 안에서 전치사 in의 목적어 역할을 수행하므로 전치사를 수반한 관계사 in which는 적절하다.

⑤ ~ and [the **presence** of several hundred visitors] **has** drastically reduced the number of young people attending the festival.

[ ]로 표시된 명사구는 절의 주어인데, 그 명사구의 핵심 요소가 presence이므로 단수로 동사와 수를 일치시켜야 한다. 따라서 has는 적절하다.

2
정답 ③

소재 운동선수의 집중

해석 운동선수의 집중은 경기의 중요성과 상대가 얼마나 (이기기) 어려운지를 어떻게 인식하는가에 의해 영향을 받을 수 있다. 경기의 중요성을 거의 보지 못하는 선수들은 집중력 저하를 경험할 수도 있고, 형편없는 경기력이 뒤따를 가능성이 있다. 그러한 경우, 선수는 경기에서 가치를 찾고 그 새로운 인식에 따라 경쟁 목표를 재설정함으로써 경기의 개인적 중요성을 높일 필요가 있다. 경기가 중요한 것으로 보이지 않거나 상대가 어렵다고 여겨지지 않는다면, 그렇다면 선수는 자신의 동기와 초점을 결과로부터, 집중을 유지하고 경기력을 극대화할 경기의 다른 측면, 가령 새로운 기술이나 전술을 연마하는 것으로 옮길 필요가 있다. 경기에 대한 인식을 바꾸고 자신에게 도전의식을 북돋우고 동기를 부여하는 방식으로 목표를 변경함으로써, 운동선수는 내적으로 집중을 높이고 높은 수준의 경기력을 유지할 수 있다.

해설

(A) **Athletes** [**who** / whose see little importance in the competition] may experience underintensity, ~.

[ ]로 표시된 부분은 선행사인 Athletes를 수식하는 관계절이다. 선행사가 사람이고 관계절 안에서 주어 역할을 하므로 관계사 who가 적절하다.

(B) ~, then athletes need to shift their motivation and focus from the outcome to **other aspects of the competition** [**that** / whom will maintain intensity and maximize performance, such as working on new technique or tactics].

[ ]로 표시된 부분은 선행사인 other aspects of the competition을 수식하는 관계절이다. 선행사가 사물이고 관계절 안에서 주어 역할을 하므로 관계사 that이 적절하다.

(C) By altering their perceptions about the competition and changing their goals in **a way** [how / **that** will challenge and motivate them], athletes can ~.

[ ]로 표시된 부분은 선행사인 a way를 수식하는 관계절이다. 선행사가 사물이고 관계절 안에서 주어 역할을 하므로 관계사 that이 적절하다.

Day 14 관계절 Ⅱ

1
정답 ⑤

소재 놀이

해석 놀이를 통해 그리고 아동 치료사가 아동이 주도하는, 아동 중심의 접근법을 사용하는 것을 통해, 아동은 판단, 평가 또는 변화의 압력에 대한 두려움 없이 자신이 될 수 있는 완전한 용인과 허가를 경험하기 시작할 수 있다. 아동의 놀이에 대한 논평을 통해, 치료사는, 비유적으로 말해 거울을 제공하는데, 그것으로 아동은 내면의 생각과 감정을 이해하고 내면의 자아 인식을 발전시킬 수 있다. 놀이는 또한 아이가 자기 자신의 관점에서 개인이 되는, 즉 혼자 힘으로 생각하고, 자신의 결정을 내리며, 자기 자신을 발견할 수 있는, 내부에 있는 힘을 깨달을 기회를 제공할 수 있다. 이것은 흔히 독특한 경험이기 때문에, Meares는 놀이라는 장은 대개 자아감이 생성되는 곳이라고 언급했다. 그는 익숙해진 어른과 함께 하는 놀이는 개인적 자아가 의미하는 것의 핵심이 되는 경험이 생성되는 곳이라고 결론지었다.

해설

⑤ ~ play with an attuned adult present is where experiences are generated that become the core **of** [**which** we mean by personal selves].

전치사 of의 목적어 역할을 하는 명사절을 유도하는 역할과 뒤에 오는 절 안에서 mean의 목적어 역할도 동시에 수행할 수 있어야 한다. 따라서 선행사를 포함한 관계사가 와야 하므로 which가 아니라 what이 되어야 한다.

① ~, a child can begin to experience [**complete acceptance and permission** {to be himself without the fear of judgment, evaluation, or pressure to change}].

[ ]로 표시된 명사구의 핵심 요소는 acceptance and permission이다. { }로 표시된 to부정사구는 뒤에서 앞의 명사구를 수식한다. 형용사가 앞에서 그 명사구의 핵심 요소를 수식할 수 있으므로 형용사 complete는 적절하다.

② ~, the therapist provides **a mirror**, figuratively speaking, [by **which** the child can understand inner thoughts and feelings and develop an inner self-awareness].

[ ]로 표시된 부분은 선행사인 a mirror에 대해 추가적인 설명을 제공하는 관계절이다. 선행사가 사물이고 관계절 안에서 전치사 by의 목적어 역할을 하므로 관계사 which는 적절하다.

③ Play can also provide **the opportunity** [for the child **to realize** the power within to be an individual in one's own right, to think for oneself, make one's own decisions, and discover oneself].

[ ]로 표시된 부분은 the opportunity를 수식하는 요소이다. the child를 의미상 주어로 갖고 the opportunity를 수식하기 위해서는 to부정사구이어야 한다. 따라서 to realize는 적절하다.

④ ~, Meares noted that the field of play is [**where**, to a large extent, a sense of self is generated].

is의 주격 보어 역할을 하는 명사절을 유도하는 역할과 뒤에 오는 절 안에서 선택 요소의 역할도 동시에 수행할 수 있어야 한다. 따라서 선행사를 포함한 관계사 where는 적절하다.

2
②
소재 사회의 복잡성

해석 사회 세계가 더 단순하다면, 우리는 우리의 눈과 귀가 왜 사람들이 그들이 하는 방식으로 행동하는지를 우리에게 말해주는 것을 그저 믿을 수 있을 것이다. 그러나 자기 표현과 사회적 인식에 대한 연구는 우리의 눈과 귀가 항상 완전한 이야기를 받아들이는 것은 아니라는 것을 우리에게 가르쳐준다. 다른 사람들은 자기 자신의 동기를 매우 능숙하게 숨기려고 할 뿐만 아니라, 결국 우리 자신의 마음도 흔히 우리가 보고 들은 것을 왜곡하거나, 지나치게 단순화하거나, 부정한다. 우리가 이러한 모든 인지적 및 동기적 편견을 제거할 수 있다고 하더라도, 여전히 혼란을 더하는, 우리의 제한된 지각 능력과 현실의 제약이 있을 것이다. 현미경조차도 여러 유전자가 어떻게 다른 유전자와 그리고 이전의 삶의 경험과 상호 작용하여 여러 사람들이 그들의 일상적인 사회적 만남에 반응하는 방식에 영향을 미치는지 우리가 알도록 만들지는 못할 것이다. 사람과 상황은 인과 관계를 찾는 것을 매우 어렵게 만들 수 있는, 매우 복잡하고 상호적인 방식으로 상호 작용한다.

해설

(A) But research on self-presentation and social cognition **teaches** us [**that** / what our eyes and ears don't always take in the full story].

[ ]로 표시된 부분은 teaches의 직접목적어 역할을 하는 명사절이어야 한다. 뒤에 오는 절에 필수 요소가 모두 갖춰져 있으므로 that이 적절하다.

(B) ~, but in turn our own minds often **distort**, **oversimplify**, or **deny** [that / **what** we see and hear].

[ ]로 표시된 부분은 distort, oversimplify, deny의 목적어 역할을 하는 명사절이어야 한다. 뒤에 오는 절에 필수 요소인 목적어가 비어 있고 선행사가 없으므로 what이 적절하다.

(C) Persons and situations interact in **highly complex and reciprocal ways** [how / **that** can make the search for causal relationships extremely difficult].

[ ]로 표시된 부분은 선행사인 highly complex and reciprocal ways를 수식하는 관계절이다. 선행사가 사물이고 관계절 안에서 주어 역할을 하므로 관계사 that이 적절하다.

Day 15 경향과 대책 IV

본문 56쪽

기출 예제   정답 ③

소재 영어의 단순한 가족 관계 묘사 체계

해석 영어 사용자들은 가족 관계를 묘사하기 위한 가장 단순한 체계들 중 하나를 가진다. 많은 아프리카 언어 사용자들은 남성과 여성 친척 양쪽 모두를 묘사하는 데 'cousin'과 같은 한 단어를 사용하는 것, 또는 묘사되는 사람이 말하는 사람의 아버지와 혈연관계인지 아니면 어머니와 혈연관계인지 구별하지 않는 것을 불합리하다고 여길 것이다. brother-in-law를 아내의 남자형제인지 여자형제의 남편인지 구별할 수 없다는 것은 많은 문화에 존재하는 인간관계의 구조 내에서 혼란스럽게 보일 것이다. 마찬가지로, 'uncle'이라는 한 단어가 아버지의 형제와 어머니의 형제에게 적용되는 상황을 이해하는 것이 어떻게 가능하겠는가? 하와이 언어는 동일한 용어를 사용하여 아버지와 아버지의 남자형제를 지칭한다. Jinghpaw 언어로 사고하는 버마 북부의 사람들은 자신들의 친족을 묘사하기 위한 18개의 기본 용어를 가진다. 이 용어 중 어떤 것도 영어로 바로 번역될 수 없다.

구문

▶ 2행 : Many African language speakers would consider **it** absurd [to use a single word like "cousin" ~].
it은 형식상 목적어이고 [ ]로 표시된 to부정사구가 내용상 목적어이다.

▶ 5행 : [To be unable to distinguish a brother-in-law as the brother of one's wife or the husband of one's sister] would seem confusing within the structure of personal relationships existing in many cultures.
[ ]로 표시된 to부정사구가 문장의 주어 역할을 한다.

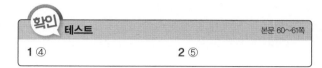

Day 16 문장의 어순 I

확인 테스트   본문 60~61쪽

1 ④   2 ⑤

1   정답 ④

소재 지구 표면의 변화

해석 수성론자라고 알려진 한 집단의 과학자들은 어처구니없이 높은 곳에서 발견된 조개껍데기를 포함하여, 지구상의 모든 것들은 상승하고 하강하는 해수면으로 설명할 수 있다는 것에 대해 확신을 가졌다. 그들은 산악과 구릉지와 다른 지형은 지구 자체만큼이나 오래되었고 지구 전체가 범람하던 시기 동안 물이 그것들 위에 출렁거렸을 때만 그것들이 변했다고 믿었다. 그들과 대립되는 사람들이 화성론자들이었는데, 이들은 화산과 지진이 지속적으로 행성 표면을 변화시켰고 이것은 지나치게 힘이 넘치는 바다와는 아무 관계가 없다고 주장했다. 화성론자들은 또한 범람 상태가 아니라면 물은 다 어디로 갔을 것인지에 대해 골치 아픈 의문을 제기했다. 알프스 산맥을 덮을 시점에 충분한 물이 있었다면 그 외의 시간에 그 물은 어디로 갔을까? 그들은 당연히 지구가 표면의 힘뿐 아니라 거대한 내부의 힘에도 지배를 받았다고 믿었다. 하지만 그들은 여전히 저 모든 대합조개껍데기가 어떻게 산위에 올랐는지에 대해서는 설명할 수 없었다.

해설

④ [If **it** had been {enough of it} at times to cover the Alps], then where did it go the rest of the time?
[ ]로 표시된 부분 안에서, 문맥상 { }로 표시된 부분의 존재를 나타내야 하므로 형식상 주어는 it이 아니라 there가 되어야 한다.

① ~, and [**only** {when water sloshed over them during periods of global flooding}] **were they** changed.
부정의 의미를 함축하는 only가 수식하는 when절로 절이 시작되었으므로 be동사와 주어가 도치된 어순은 적절하다.

② [**Opposing** them] **were** [the Plutonists, who claimed that ~].

분사구 형태의 주격 보어인 첫 번째 [ ]로 문장이 시작되었으므로 두 번째 [ ]인 주어가 be동사 뒤에 놓이게 되었다. 이때 뒤에 놓인 복수 형태의 주어와 수가 일치하는 were의 형태는 적절하다.

③ The Plutonists also raised awkward questions **about** [where **all the water would** have gone when it wasn't in flood].

[ ]로 표시된 부분은 전치사 about의 목적어 역할을 하는 의문절이다. 의문사 where 다음에 주어 all the water와 조동사 would가 이어지는 어순은 적절하다.

⑤ ~, they still couldn't **explain** [how {**all those clam shells**} **got** up ~].

[ ]로 표시된 부분은 explain의 목적어 역할을 하는 의문절이다. 의문사 how 다음에 { }로 표시된 주어와 동사 got이 이어지는 어순은 적절하다.

2
정답 ⑤

소재 시인 Carl Sandburg의 어린 시절

해석 August와 Clara는 둘 다 스웨덴에서 미국으로 왔는데 자신들의 유산에 대해 자부심이 강했다. 그들의 일곱 명의 아이들 중 둘째인 Carl Sandburg는 영어를 하기 전에 스웨덴 말을 했지만, 그는 미국인이 되고 싶어 했고 스웨덴 사람인 것이 자신이 덜 미국적임을 뜻하는 것에 대해 두려워했다. 2학년이 되었을 때 그는 자신의 선생님들을 포함한 모든 사람들에게 자신을 Carl 대신 Charlie라고 부르도록 설득했다. 여러 해가 지나서야 그는 Carl이라는 이름을 다시 사용했고 마침내 스웨덴인이자 미국인인 것에 대해 자부심을 가졌다. Sandburg는 자기 아버지가 C. B. & Q.에 근무했기 때문에 무제한 철도 승차권을 구할 수 있었다. 그가 열여덟 살이 되었을 때 그의 아버지는 그가 혼자서 시카고행 기차를 탈 수 있게 했다. 그는 시 전역을 걸어 다니면서 그곳의 번잡한 거리와 아름다운 Michigan 호수를 감탄하며 바라보았다. 그때는 자신이 항상 보고 싶어 했던 유력하고 흥미진진한 도시 시카고가 자신의 집이 되고 자신이 쓴 많은 시의 주제가 될 것이라고는 상상도 못 했다.

해설

(A) ~; but he [**wanted** to be an American] and [**was** /to be] afraid that being Swedish meant that he was less American].

[ ]로 표시된 두 개의 동사구가 주어 he의 술어 역할을 한다. 따라서 완전한 절의 술어동사는 과거시제가 표시된 was가 적절하다.

(B) [**Not** until many years later] **he used** / **did**

he use the name Carl again, finally proud of being both Swedish and American.

[ ]로 표시된 부정어구로 문장이 시작되었다. 따라서 조동사 did와 주어 he가 도치된 어순 did he use가 적절하다.

(C) **Little** he knew / **did he know** then that Chicago, the powerful and exciting city he had always wanted to see, would become ~.

부정어구 Little로 문장이 시작되었다. 따라서 조동사 did와 주어 he가 도치된 어순 did he know가 적절하다.

Day 17 문장의 어순 II

확인 테스트   본문 64~65쪽

1 ⑤   2 ②

1
정답 ⑤

소재 예술의 효용

해석 예술이 전체 사회에 가져다줄 수도 있는 그 어떤 이득이든 그것과는 완전히 별도로, 예술은 예술가와 보는 사람 둘 다에게 개인적 만족을 주는 원천이라는 것이 일반 통념이다. 사람들이 오직 자신들의 기본적 생존 욕구를 충족시키는 추구에만 종사하는 세상을 상상하기는 어려울 것이다. 사람들이 자신들의 시간과 힘의 대부분을 그러한 요구를 충족하는 데 바치기는 하지만, 모든 사람들이 예술이 그러한 실제적인 것의 추구에서 최소한 잠시라도 벗어나게 해주기 때문에 예술에서 어떤 즐거움을 얻는 것은 마찬가지로 사실이다. 오직 작물을 수확하고 난 이후에야 아프리카의 원예사는 춤을 추고, 얘기를 하고, 예술 활동을 하거나 보면서 즐거움을 끌어낼 시간이 있다. 마찬가지로, 자신들의 평범한 생활로부터의 방향 전환으로서 많은 서양 사람들은 연극이나 음악회 또는 미술관에 가면서 만족감을 찾는다. 분명 미국의 외과 전문의이자 작가인 Richard Selzer로 하여금 다음과 같이 논평을 하도록 유도한 것은 예술로부터 끌어낸 바로 이런 개인적 만족감이었을 것이다. "예술은 없으면 인생이 견딜 수 없을 것이라는 점에서만 필요하다."

해설

⑤ ~, **it was** [this personal gratification derived from art] **what** prompted Richard Selzer, an

American surgeon and author, to comment: ~."

문맥상 [ ]로 표시된 부분의 의미가 강조되어야 하는데, 이러한 초점 위치의 내용을 강조하는 방법은 「It is ~ that ...」 강조 구문을 활용하는 것이다. 따라서 what은 that이 되어야 한다.

① ~, **it** is generally agreed [**that** art is a source of personal gratification for both the artist and the viewer].

it은 형식상 주어이고 [ ]로 표시된 부분은 내용상 주어이다. 따라서 [ ]를 이끄는 that은 적절한 요소이다.

② **It** would be hard [**to imagine** a world in which ~].

It은 형식상 주어이고 [ ]로 표시된 부분은 내용상 주어이다. 따라서 [ ]를 이끄는 to부정사 to imagine은 적절한 형태이다.

③ ~, **it** is equally true [**that** all people derive some enjoyment from art ~].

it은 형식상 주어이고 [ ]로 표시된 부분은 내용상 주어이다. 따라서 [ ]를 이끄는 that은 적절한 요소이다.

④ [**Only** {after the crops have been harvested}] **does the African horticulturalist** have time to dance, tell stories, and derive pleasure ~].

부정의 의미를 함축하는 Only가 수식하는 after절로 문장이 시작되었으므로 조동사 does와 주어 the African horticulturalist가 도치된 어순은 적절하다.

2
정답 ②

소재 첫 비행에 관한 기억

해석 내가 비행기를 처음 탄 것은 여러 해 전이지만, 나는 그날 얼마나 겁이 났는지를 아직도 기억할 수 있다. 평생 동안, 나는 비행기를 타는 것이 어떤 기분일지 궁금했었다. 마침내 1972년 3월에 나는 내 첫 비행기에 탑승했다. 나는 SAHSA 항공편으로 Louisiana주의 New Orleans에서 니카라과의 Managua로 비행했다. 그것은 Boeing 727호 제트기였다. 통로 양쪽에 세 개의 의자가 있었다. 다소 붐볐으며 이는 나를 더 초조하게 만들 뿐이었다. 난기류에 부딪힐 때마다 내 손은 하얘졌다. 비행 기간 내내 나는 너무나 초조해져서 그들이 준 음식도 먹지 못했다. 나는 화장실도 가려고 하지 않았다. 비행기가 마침내 우리 목적지에 도착했을 때 나는 말할 수 없이 안도했다. 그 이후로 100번도 넘게 비행기를 탔지만 나는 내 첫 비행에 관한 여러 가지 자잘한 것들을 아직도 기억할 수 있다.

(A) ~, I had **wondered** [what **it would** / would it be like to fly in an airplane].

[ ]로 표시된 부분은 wondered의 목적어 역할을 하는 의문절이다. 따라서 의문사 what 다음에 이어지는 어순은 일반적인 절의 어순과 같으므로 it would를 선택한다.

(B) **It / There** were [**three seats**] on each side of the aisle.

[ ]로 표시된 명사구가 문장의 내용상 주어이며, 그 주어의 존재를 나타내는 문장이다. 따라서 There가 적절하다.

(C) [**So nervous** **I was / was I**] during the entire flight] **that** I did not eat the meal they gave me.

원인과 결과를 나타내는 「so ~ that ...」 구문에서 [ ]로 표시된 부분은 어떤 사건의 원인을 나타낸다. be동사 was의 보어인 형용사구 So nervous로 문장이 시작되고 있다. 따라서 주어가 동사 뒤에 놓인 어순 was I가 적절하다.

Day 18 경향과 대책 V
본문 66쪽

기출 예제
정답 ④

소재 최후통첩 게임

해석 인간은 자신들이 속고 있다고 느끼는 것을 매우 싫어해서 흔히 겉보기에는 거의 말이 되지 않는 방식으로 반응한다. 인간의 마음이 계산기처럼 작동한다고 단순히 가정하는 부류의 경제학자들과는 대조적으로 사람들이 하는 행동을 실제로 연구하는 경제학자인 행동경제학자들은, 사람들은 불공정한 제안을 거부하는 것이 자신에게 돈이 든다고 해도 그렇게 한다는 것을 반복해서 보여 주었다. 대표적인 실험은 최후통첩 게임이라고 불리는 과업을 이용한다. 그것은 매우 간단하다. 짝을 이루는 두 사람 중 한 사람이 얼마간의 돈, 가령 10달러를 받는다. 그리고 나서 그 사람은 자기 짝에게 그 돈의 일부를 주는 기회를 가진다. 그 짝에게는 두 가지의 선택권만 있다. 그는 주어지는 것을 받거나, 아무것도 받지 않겠다고 거절할 수 있다. 협상의 여지는 없고, 그런 이유로 그것은 최후통첩 게임이라고 불린다. 대체로 어떤 일이 일어나는가? 많은 사람은 짝에게 똑같이 나눈 몫을 제안하며, 그것은 두 사람 모두를 행복하게 하고 장래에 서로를 기꺼이 신뢰하게 한다.

구문

▶ 5행 : The typical experiment uses a task [called the ultimatum game].

[ ]로 표시된 부분은 a task를 수식하는 분사구이다.

▶ 7행 : She then has the opportunity [to offer some amount of **it** to her partner].

[ ]로 표시된 부분은 the opportunity를 수식하는 to부정사구이다. [ ] 안의 it은 바로 앞 문장의 some money를 대신한다.

Day 19 대등한 연결

확인 테스트   본문 70~71쪽

| 1 ② | 2 ③ |

1   정답 ②

소재 물을 정화할 수 있는 물병

해석 생수 산업은 물을 정화하고 플라스틱 병에 담아서 비싼 가격에 팔아서 엄청난 보상을 거둬들이고 있다. 여러분은 여러분 자신의 물을 쉽게 정화하여 매일 쓰레기 매립지로 버려지는 플라스틱의 양을 줄이는 데 도움을 줄 수 있다. 개발도상국에서는, 플라스틱이 큰 문제이며 관광객은 그것을 더 악화시키기만 한다. Aquapure Traveler는 뚜껑에 필터가 내장된 편리한 병이다. 여러분은 민물로 그것을 채우고, 그것을 15분 동안 그대로 두기만 하면, 꼭대기 부분에서 물이 깨끗하고 정화된 상태로 나온다. 필터에는 거의 모든 세균 및 오염 물질을 차단하는 물리적 및 화학적 방벽이 포함되어 있다. 하나의 필터 뚜껑은 350리터의 식수를 공급한다.

해설

② You can [purify your own water easily] **and** [**to help** to reduce the amount of plastic being thrown each day into landfills].

[ ]로 표시된 두 개의 동사구가 등위접속사 and로 대등하게 연결되어 조동사 can에 이어져야 하므로 두 번째 [ ]로 표시된 부분은 to help가 아니라 help가 되어야 한다.

① The bottled water industry is reaping huge rewards by [purifying water], [putting it in plastic bottles] **and** [**selling** it for high profit].

[ ]로 표시된 세 개의 동명사구가 콤마와 and에 의해 대등하게 연결되어 있는 구조이므로 세 번째 [ ]에 쓰인 동명사 selling은 적절하다.

③ In developing countries, [plastic is a huge problem] **and** [tourists only **make** it worse].

[ ]로 표시된 두 개의 절이 등위접속사 and로 대등하게 연결되어 있다. 따라서 두 번째 [ ]로 표시된 부분도 완전한 절이 되어야 하므로 시제와 수, 그리고 태의 정보를

담은 술어동사 make는 적절하다.

④ [All you do is fill it up from any freshwater source, leave it to stand for 15 minutes] **and** [the water **comes** out clean and pure from the top].

[ ]로 표시된 두 개의 절이 등위접속사 and로 대등하게 연결되어 있다. 따라서 두 번째 [ ]로 표시된 부분도 완전한 절이 되어야 하므로 시제와 수의 정보를 담은 술어동사 comes는 적절하다.

⑤ The filter contains a [physical] **and** [**chemical**] barrier to block almost all bacteria and pollutants.

[ ]로 표시된 두 개의 형용사구가 등위접속사 and로 연결되어 명사인 barrier를 수식하고 있다. 따라서 형용사 chemical은 적절하다.

2
정답 ③

소재 아마추어로서의 스포츠 참여

해석 대부분의 사람들은 높은 스포츠 성과를 달성하여 스포츠에서 전문 직업을 개발할 수 있는 선택권을 갖지 못한다. 대신, 스포츠를 하는 우리 대부분은 경기를 사랑하는 취미로서 그것을 한다. 다시 말해서, 우리는 아마추어–사랑을 뜻하는 라틴어 단어에서 유래한 명칭–로 스포츠를 한다. 우리는 체력을 향상하거나, 신체 능력을 개선하거나, 팀의 일원으로 일하거나, 또는 자연이나 다른 경쟁자에 맞서 우리의 기술을 시험해보는 도전과 흥분을 받아들이는 데서 본질적인 만족을 얻는다. 그러면 아마추어 선수의 경우, 핵심은 결과가 아니라 참가 자체에 있다. 스포츠 참여는 레크리에이션이며, 그것은 일과 크게 다르다. 우리는 정신의 활기를 되찾기 위해 참여하고, 그렇게 한 것에 대한 외적인 보상을 필요로 하지 않는다.

해설

(A) Most people do not have the option **of** [achieving high sport performance] **and** [**developing** / to develop] a professional career in sport].

[ ]로 표시된 두 개의 동명사구가 등위접속사 and로 연결되어 전치사 of의 목적어 역할을 하고 있다. 따라서 동명사 developing이 적절하다.

(B) We gain intrinsic satisfaction **in** [improving our fitness], [refining our physical skills], [working as part of a team], **or** [**embracing** / to embrace] the challenge and excitement of testing our skill against nature or other competitors].

[ ]로 표시된 네 개의 동명사구가 등위접속사 or로 연결되어 전치사 in의 목적어 역할을 하고 있다. 따라서 동명사 embracing이 적절하다.

(C) [Sport participation is recreation], **and** [it differing / **differs** greatly from work].

[ ]로 표시된 두 개의 절이 등위접속사 and로 대등하게 연결되어 있다. 따라서 두 번째 [ ]로 표시된 부분도 완전한 절이 되어야 하므로 시제와 수의 정보를 담은 술어동사 differs가 적절하다.

Day 20 생략과 축약

확인 테스트	본문 74~75쪽
1 ⑤	2 ①

1
정답 ⑤

소재 가상현실

해석 운동하기를 좋아하는 어떤 사람들은 가상현실로 훈련을 한다. 캐나다인 발명가 Don Wilson은 Virtually Perfect Golf Learning System을 만들었는데, 여기서 골퍼는 3-D 안경을 끼고 삼각 대형으로 세워놓은 비디오카메라 중앙에 선다. 안경을 통해서 보는 스크린은 골퍼에게 자신의 몸을 '이상적 골퍼'가 그 위에 겹쳐 놓아지게 하여 보여준다. 이 형체는 Tigre Woods보다는 철사로 만들어진 뼈대에 더 가깝게 보이지만, 학생 골퍼에게 어떻게 서고 어떻게 움직여야 하는지를 보여주는 데 효과적이다. 골퍼는 이상적 형체를 느린 동작으로 따라하면서 배운다. 그 프로그램을 시도해본 뒤에 한 골퍼는 말했다. "나는 모든 것을 새로운 방식으로 볼 수 있었어요. 나는 이상화된 형체가 내가 그런 것보다 훨씬 아래쪽에서 손목이 (경첩처럼) 꺾인 것을 보았죠. 평상시의 레슨에서는 우리가 너무나 많은 실수를 저지르고도 그것을 알아채지조차 못해요. 하지만 이것이 있으면 그것을 완벽하게 마음속에 그려볼 수 있어요."

해설

⑤ I noticed that the idealized figure [**was holding** his wrist hinged] much further down than I **did**.

앞선 절에 언급된, [ ]로 표시된 동사구가 than이 이끄는 절에 다시 나타날 때 그 반복되는 동사구는 조동사 바로 뒤에서 생략될 수 있다. 따라서 앞 절 동사구의 조동사에 해당하는 것이 be동사 was이므로 than이 이끄는 절의 조동사도 did가 아니라 was가 되어야 한다.

① Canadian inventor Don Wilson has created the Virtually Perfect Golf Learning System, [**in which** {a golfer wears a pair of 3-D glasses and ~}].

[ ]는 선행사 the Virtually Perfect Golf Learning System에 대해 부수적 설명을 하는 관계절이다. 그 안의 { }는 필수 요소가 모두 포함된 완전한 절이므로 전치사가 수반되어 부사어구 역할을 하는 관계사 in which는 적절하다.

② A screen, [**viewed** through the glasses], shows the golfer her own body with an "ideal golfer" superimposed on it.

[ ]로 표시된 부분은 A screen에 대해 부수적 설명을 하는 분사구이다. 이 분사구는 which is viewed through the glasses와 같은 관계절에서 축약된 형태로 볼 수 있는데, A screen은 view의 행위자가 아니라 영향이 미치는 대상이므로 분사의 형태 viewed는 적절하다.

③ This figure looks more like a skeleton [**made** of wire] than like Tiger Woods, ~.

[ ]로 표시된 부분은 a skeleton을 수식하는 분사구이다. 이 분사구는 which is made of wire와 같은 관계절에서 축약된 형태로 볼 수 있는데, a skeleton은 make의 행위자가 아니라 영향이 미치는 대상이므로 분사의 형태 made는 적절하다.

④ [After **trying** the program], a golfer reported: "I could see everything in a new way.

[ ]로 표시된 부분은 전치사 After가 이끄는 전치사구로서, After가 동명사구를 목적어로 취하고 있다. 이는 절의 형태인 After he or she tried the program에서 축약된 것으로 볼 수 있으므로 동명사 형태의 trying은 적절하다.

2
정답 ①

소재 민간 설화

해석 대다수 민간 설화에는 교훈이 있기 때문에 그것은 사회화에 중요한 역할을 한다. 특히 글자가 없는 사회에서 민간 설화는 사회적으로 적절한 행동을 드러내는 데 효과적일 수가 있다. 민간 설화에서 승리를 거두는 남녀 주인공들은 그들의 훌륭한 행동과 성격 특성 때문에 그렇게 한다. 역으로, 사회적으로 부적절한 방식으로 행동하는 사람들은 거의 항상 마땅한 벌을 받는다. 예를 들어, 매우 강력한 사회적 메시지가 담긴 이야기는 서아프리카 Dahomean 아이들에게 불 주변에서 전해진다. 대개 한 연장자의 울타리 친 주택 지구에서 열린다. 이와 같은 이야기를 하는 시간[회합]은 아이들을 즐겁게 해주고 도덕적 교훈을 주고 아이들 자신의 이야기를 하도록 권장함으로써 아이들이 이야기를 하는 기술을 개발하도록 고안된다. 매우 다른 환경에도 불구하고 전통적 Dahomean 사람들 사이에서 이야기하기 시간[회합]은 부모들이 벽난로 앞에서 자기 자녀들에게 '잭과 콩나무'나 '신데렐라'를 읽어주는 것과 상당히 비슷하다.

해설

(A) The heroes and heroines [who {**triumph** in folktales}] | are / **do** | so because of their admirable behavior and character traits.

[ ]로 표시된 부분은 The heroes and heroines를 수식하는 관계절이고, 그 안의 { }는 triumph를 핵심 요소로 하는 동사구이다. 따라서 이 일반 동사를 핵심 요소로 하는 동사구를 대신하는 표현으로 do so가 적절하다.

(B) [Usually | **held** / holding | at the compound of an elder], these storytelling sessions are designed to ~].

[ ]로 표시된 부분은 분사를 핵심 요소로 하는 분사구이다. 이 분사구는 As these storytelling sessions were usually held at the compound of an elder와 같은 부사절에서 축약된 것으로 볼 수 있는데, 의미상 주어 these storytelling sessions는 hold의 행위자가 아니라 영향이 미치는 대상이므로 held가 적절하다.

(C) ~, a storytelling session among traditional Dahomeans is quite similar to [parents | read / **reading** | "Jack and the Beanstalk" or "Cinderella" to their children in front of the fireplace].

[ ]로 표시된 부분은 전치사 to의 목적어 역할을 하는

동명사구이다. 이 동명사구는 parents를 주어로 하는 절에서 축약된 것으로 이해할 수 있으므로 동명사의 형태 reading이 적절하다.

Day 21 경향과 대책 VI

본문 76쪽

기출 예제   정답 ④

소재 생산성 향상

해석 비용 절감은 수익성을 향상할 수 있지만, 어느 정도까지만 그렇다. 만약 제조업자가 비용을 너무 많이 절감해서 그렇게 하는 것이 제품의 질을 손상하게 된다면 그 증가된 수익성은 단기적일 것이다. 더 나은 해결 방법은 생산성을 향상하는 것이다. 만약 기업이 똑같은 수의 직원들로부터 더 많은 생산을 얻을 수 있다면 그들은 기본적으로 거저 얻게 되는 것이다. 그들은 판매할 상품을 더 많이 얻고, 각 상품의 가격은 떨어진다. 생산성 향상에 필요한 기계 또는 직원 연수가 생산성 향상으로 얻는 이윤의 가치보다 비용이 적게 든다면, 이것은 어떤 기업이든 할 수 있는 쉬운 투자이다. 생산성 향상은 그것을 만들어 내는 개별 기업에 중요한 만큼 경제에도 중요하다. 일반적으로 생산성 향상은 모두를 위한 생활 수준을 올려 주고 건강한 경제의 좋은 지표가 된다.

구문

▶ 1행 : [Cutting costs] can improve profitability but only up to a point.
[ ]로 표시된 동명사구가 문장의 주어 역할을 하고 있다.

▶ 3행 : A better approach is [to improve productivity].
[ ]로 표시된 to부정사구가 주격 보어 역할을 하고 있다.

Part VII 실전 테스트

Day 22 실전 테스트 I

본문 78~79쪽

1 ④   2 ③   3 ②   4 ①

1   정답 ④

소재 이동의 자유

해석 선진국의 사람들은 자신들의 행복 수준을 유지하려고 하지만 개발도상국의 수백만 사람들은 자신들의 삶을 개선하려고 한다. 무역권 내에서 서서히 사라져가는 국경이 점점 더 인구 이동을 조장하면서, 그러한 이동의 자유가 확대되도록 처음에는 정중하게 요청하다 나중에는 요구하는 사람들이 있을 것이다. 세계 모든 민족들의 이동의 자유가 '기본 인권'으로 일컬어지게 될지도 모르는 날이 멀지 않았다. 이것이 확실히 이 권리가 주어질 것임을 뜻하지는 않는다고 해도 의심의 여지없이 그것은 옹호될 것이다. 분명한 것은, 아직 약하지만 최근 생겨난 이 압력의 영향은 레저와 관광 분야에 있는 사람들의 우려를 훨씬 넘어선다. 하지만 이렇게 말했다 하더라도, 그러한 압력이 크지 않은 방식으로라도 성공한다면 레저와 관광의 전반적인 전망은 급격하게 변할 수 있다는 것은 매우 명확하다.

해설

④ Clearly, [the **implications** {of this still weak but emerging pressure}] **goes** far beyond the concerns of those in the leisure and tourism field.
[ ]로 표시된 부분은 문장의 주어 역할을 하는 명사구인데, { }로 표시된 부분이 명사구의 핵심 요소인 implications를 수식한다. 따라서 복수 형태의 명사구와 호응하는 술어동사도 복수 형태여야 하므로, goes는 go가 되어야 한다.

① ~, there will be [**those** who will first request, and then demand, {the right for such freedom of movement to be extended}].
[ ]로 표시된 부분은 be의 주격 보어 역할을 하는 명사구이다. 그 안의 those는 복수 형태의 명사구 people을 대신할 수 있는 대용 요소이므로 적절하다. [ ] 안의 { }는 request와 demand의 공통 목적어 역할을 한다.

② **The day** is not far off [**when** {freedom of movement of all peoples of the world may be termed a "basic human right}]."

[ ]로 표시된 부분은 The day를 수식하는 관계절이다. 관계절 안의 { }는 필수 요소를 모두 포함한 완전한 절이므로 시간의 부사어구 역할을 하는 관계사 when은 적절한 요소이다.

③ Although this certainly does not mean [that **this right** will **be granted**], ~.

[ ]로 표시된 부분은 mean의 목적어 역할을 하는 that절이다. 그 안의 주어 this right는 grant의 행위자가 아니라 동작의 영향이 미치는 대상이다. 따라서 수동태 형태 be granted는 적절하다.

⑤ ~, **it** is very clear [that {**should such pressures** succeed in even a modest way}, the entire landscape of leisure and tourism could change dramatically].

it은 형식상 주어이고 [ ]로 표시된 부분은 내용상 주어이다. 그 안의 { }는 문맥상 실현 가능성이 희박한 내용을 가정하는 절이다. 따라서 접속사 if가 표현되지 않고 대신 조동사와 주어가 도치된 어순 should such pressures는 적절하다.

구문

▶ 1행 : While [people {in the developed world}] try to preserve their level of well-being, [many millions {in developing nations}] seek to better their lives.

[ ]로 표시된 두 개의 명사구는 각각 while절과 주절의 주어이고, 그 안의 { }는 각각 people과 many millions를 수식하는 전치사구이다.

단어와 숙어

preserve 유지하다	better 개선하다
fade 서서히 사라지다	border 국경
facilitate 조장하다	extend 확대하다
assert 옹호하다	implication 영향, 결과
emerging 최근 생겨난	modest (규모가 그다지) 크지 않은
landscape 전망	dramatically 급격히

2

정답 ③

소재 스승의 가르침

해석 자기 스승을 간절히 만나고 싶어서 한 불교 신봉자는 구비 구비 산을 오르고 육로로 여러 날을 걸어 마침내 자신의 신념을 고취해 왔던 바로 그 사람과 대면하게 된다. 신봉자는 도착하자마자 자기 자신과 자신의 인생에 대해 거의 멈추지 않고 이야기하기 시작하고, 마

침내 그 스승은 개입하여 차 한 잔을 권한다. 신봉자는 가로막힌 것에 대해 다소 놀랐지만 그렇더라도 수락한다. 그가 자기 대화를 다시 시작하자 스승은 차를 따르기 시작하여 찻잔이 넘쳐서 차가 테이블까지 흘러나와 신봉자의 다리에 이를 때까지 계속해서 따른다. 뜨거운 물에 자기 무릎을 데자 "무얼 하시는 겁니까?" 하고 그는 묻는다. "네가 꼭 저 찻잔과 같다는 걸 모르겠느냐?" 하고 스승은 말한다. "너는 네가 필요하다고 생각하는 것들로 너무 꽉 차 있어서 어떤 새로운 것도 들어갈 만한 여유가 없구나."

해설

(A) ~, [{**the follower**} starts talking about him / himself and his life], almost without stopping, until ~.

[ ]로 표시된 절 안에서 전치사 about의 목적어와 주어가 같은 대상이다. 따라서 행위자인 주어의 행동이 역시 같은 대상인 목적어에 미치기 때문에 재귀대명사 himself가 적절하다.

(B) [Somewhat taken aback at having **been interrupted** / interrupting], the follower nevertheless accepts.

[ ]로 표시된 부분은 주절의 the follower를 의미상 주어로 하는 분사구이다. [ ] 안에서 전치사 at의 목적어 역할을 하는 완료형 동명사가 at 뒤에 나오는데, 동명사의 의미상 주어 the follower는 interrupt의 행위자가 아니라 그 동작의 영향이 미치는 대상이므로 수동태가 요구된다. 따라서 been interrupted가 적절하다.

(C) "You are **so** full of all the things you think you need [that / what there is no room for anything new]."

내용상 어떤 원인이 있고 거기에서 비롯된 결과를 나타낼 때는 「so ~ that …」 구문을 사용한다. 따라서 결과를 나타내는 절을 이끄는 것은 that이 적절하다.

구문

▶ 1행 : [(Being) Desperate to meet his guru], a Buddhist follower climbs a series of mountains and ~.

[ ]로 표시된 부분은 분사 Being이 표현되지 않은 분사구로서, 어떤 사건이 일어나게 된 원인을 나타낸다.

단어와 숙어

desperate 간절히 원하는	overland 육로로
inspire 고취하다	intercede 개입하다
taken aback 깜짝 놀란	interrupt (말·행동을) 가로막다
resume 다시 시작하다	overflow 넘치다

3

소재 미소의 효능

해석 우리의 얼굴 표정은 우리가 스트레스에 반응하는 방식에 영향을 미친다. 여러분의 손을 몇 분 동안 차가운 물속에 넣고 미소를 지으면 스트레스가 줄고 미소 짓지 않을 때에 비해 그 고통스러운 사건으로부터 더 빠른 회복에 이르게 된다. '쓴웃음을 지으며 참아라.'라는 옛 속담에는 정말 뭔가가 있다. 물론 문제점 또한 존재한다. 말하자면, 이 미소 기법은 여러분이 그것을 현재 하고 있다는 것을 모르면, 즉 의도적으로 미소를 짓는 것보다 무의식적인 미소를 지으면 가장 효과가 있다. 후자의 경우(의도적으로 미소를 짓는 경우) 뇌가 (실제 상황을) 이해하는 것 같고 그 신체 표현을 행복으로 해석하지 않는다. 하지만 가짜 미소를 짓는 것조차 아무것도 하지 않는 것보다 나은데, 이는 우리의 신경회로가 항상 가짜인 것과 진짜인 것을 분명하게 구분하지는 않기 때문이다. 발라드가 시사하는 바와 같이 여러분이 '가슴은 찢어지고 있지만 미소를 짓는다'고 해도, 어떤 수준[단계]에서 여러분의 뇌는 여러분의 미소를 모든 것이 괜찮다는 징후로 해석하지 않을 수 없다.

해설

② [**Smiling** {while submerging your hands in ice water for several minutes}] [**lessens** stress] and [**lead** to a quicker recovery from the painful incident than if you don't smile].
첫 번째 [ ]는 문장의 주어 역할을 하는 동명사구이다. 핵심 요소인 동명사 Smiling을 { }로 표시된 분사구가 수식하고 있다. 두 번째와 세 번째 [ ]는 and로 대등하게 연결된 동사구로서 주어의 술어 역할을 한다. 따라서 주어의 핵심 요소가 단수이므로 두 번째 동사구의 동사 lead는 leads가 되어야 한다.

① Our facial expressions **affect** [**how** {we react to stress}].
[ ]로 표시된 부분은 affect의 목적어 역할을 하는 의문절이다. 의문절 안에서 { }로 표시된 부분은 필수 요소가 모두 갖추어진 완전한 절이므로 부사어구 역할을 하는 의문사 how는 적절하다.

③ ~: this smile technique works best if you don't know you are doing it—if you form an unconscious smile rather than **smile intentionally**.
동사 smile을 수식하는 요소로 부사 intentionally는 적절하다.

④ But even [**faking** a smile] is better than nothing, ~.

[ ]로 표시된 부분은 문장의 주어 역할을 하는 동명사구이다. 동명사구의 핵심 요소인 faking의 형태는 적절하다.

⑤ ~, at some level your brain can't help but interpret your smiling as **a sign** [**that** everything is okay].
[ ]로 표시된 부분은 a sign과 동격 관계에 있는 절이다. 따라서 동격을 나타내는 절을 이끄는 요소로 that은 적절하다.

단어와 숙어

affect 영향을 미치다	**submerge** 물속에 넣다
lessen 줄이다	**incident** 사건
catch 문제점	**unconscious** 무의식의
interpret 해석하다	**neural circuitry** 신경회로
distinction 구별	**ballad** 발라드

4

소재 성공의 기대

해석 운동에서 이길 것으로 예상되고 필경 자기 상대보다 우세한 팀이 놀랍게도 경기에서 지는. 뜻밖의 패전이 일어나는 한 가지 이유는 우세한 팀이 자기 상대를 자신들의 연승에 위협이 되는 것으로 인식하지 않았을 수도 있다는 것이다. 성공에 대한 그들의 기대는 너무 높고 그들이 기울인 노력의 양은 너무 낮다. 성공의 기대와 성취하고자 하는 선수들의 동기 부여는 자기 상대의 능력에 대한 인식에 의해 영향을 받는다. 많은 경우에, 성공에 대한 낮은 기대는 자기 충족 예언이 된다. 하지만 반대 방향에서 보면, 높은 수준의 경쟁자는 매우 높은 성공의 기대를 가지고 있다. 즉 그들은 이기기를 기대하고 그리고 흔히 그렇게 한다. 경쟁자들은 자신들에게 약 50퍼센트 정도의 이길 가능성이 있을 때 최적의 동기 부여가 된다. 폭발적인 근육의 힘이 필요한, 높이뛰기나 장대높이뛰기와 같은 위험성이 큰 운동에서는 성공에 대한 기대가 유지되어야 하는데, 그렇지 않으면 승리는 절대로 보장받지 못한다.

해설

(A) One reason for upsets in sport—[in which the **team** {predicted to win} and {supposedly superior to their opponent} surprisingly **loses** / losing the contest]—is that ~.
[ ]로 표시된 부분은 upsets in sport를 부가적으로 설명하는 관계절이다. 이 관계절 안에서 첫 번째 { }인 분사구와 두 번째 { }인 형용사구가 the team을 수식한다. 그것들의 수식을 받는 주어의 핵심 요소인 명사 team은 단수 형태이므로 이와 호응하는 관계절의 술어 동사도 시제와 수일치 요소가 표시된 loses가 적절하다.

(B) [{Success expectations} and {athletes' motivation to achieve}] **are** / is influenced by the perceived ability of their opponents.

[ ]로 표시된 부분은 문장의 주어 역할을 하는 명사구이다. 그 안에 { }로 표시된 두 개의 명사구가 and로 연결되어 있다. 따라서 이 명사구는 복수로 간주되며, 이와 호응하는 술어동사도 복수 형태인 are가 적절하다.

(C) ~: they expect to [**win**] — and they often **are** / **do**.

앞 절에서 언급된, [ ]로 표시된 동사구가 이어지는 절에 다시 나타날 때 이 동사구는 조동사 바로 뒤에서 생략될 수 있다. 동사구의 동사 win이 일반 동사이므로, 뒷 절의 조동사는 do가 적절하다.

구문

▶ 4행 : ~, and [the amount of effort {they give}] is too low.

[ ]로 표시된 부분은 절의 주어 역할을 하는 명사구이고, 그 안의 { }는 effort를 수식하는 관계절이다.

▶ 10행 : In high-risk sports such as high jumping or pole vaulting, [which require explosive muscular effort], ~.

[ ]로 표시된 부분은 선행사 high-risk sports such as high jumping or pole vaulting에 대해 부수적으로 설명하는 관계절이다.

단어와 숙어

upset 뜻밖의 패전	supposedly 필경, 아마
superior 우세한	opponent 상대, 적
perceive 인식하다	motivation 동기 부여
competitor 경쟁자	optimally 최적으로
pole vaulting 장대높이뛰기	explosive 폭발적인
muscular 근육의	assured 보장받는, 확실시 되는

Day 23 실전 테스트 II
본문 80~81쪽

1 ④	2 ③	3 ④	4 ②

1
정답 ④

소재 역할과 자아 개념

해석 역할의 대단히 흥미로운 특징은 우리는 우리가 맡은 역할이 되는 경향이 있다는 것이다. 즉, 역할은 우리의 자아 개념에 통합되는데,

특히 우리가 오랫동안 열심히 준비하고 일상생활의 일부가 되는 역할이 그러하다. Helen Ebaugh는 사회학자가 되기 위해 수녀를 그만둘 때 이것을 직접 경험했다. 그녀 자신이 역할을 떠나고자 하는 인식이 고조되면서, 그녀는 결혼 생활, 경찰 업무, 군대, 의사직 및 종교직을 떠난 사람들을 인터뷰했다. 그녀가 경험한 것과 똑같이, 그 역할은 그 사람의 자아 개념과 매우 광범위하게 뒤얽혀 있어서 그것을 떠난다는 것은 그 사람의 정체성을 위협했다. 이 사람들이 고심했던 질문은 "이제 나는 수녀(또는 아내, 경찰, 대령, 의사 등)가 아니니, 나는 누구인가?"였다.

해설

④ ~, the role had **become intertwined** so [**extensive**] with the individual's self-concept that leaving it threatened the person's identity.

[ ]로 표시된 부분은 동사구인 become intertwined를 수식해야 하므로 부사구가 되어야 한다. 따라서 extensive가 아니라 extensively가 되어야 한다.

① That is, roles become incorporated into our self-concept, especially **roles** [for which we prepare long and hard] **and** [**that** become part of our everyday lives].

[ ]로 표시된 두 개의 관계절이 등위접속사 and로 연결되어 선행사인 roles를 수식한다. 선행사가 사물이고 관계절 안에서 주어 역할을 하므로 that은 적절하다.

② Helen Ebaugh experienced this firsthand when she **quit being a nun** [**to become** a sociologist].

[ ]로 표시된 부분은 부사어구처럼 목적의 의미를 나타내며 동사구인 quit being a nun을 수식한다. to부정사구가 이러한 역할을 수행할 수 있으므로 to become은 적절하다.

③ With [her own **heightened awareness** of role exit], ~.

[ ]로 표시된 명사구에서 분사의 수식을 받는 명사구의 핵심 요소인 awareness는 고조시키는 동작(heighten)의 대상이므로 과거분사 heightened는 적절하다.

⑤ [The **question** these people struggled with] **was** "Who am I, now that I am not a nun (or wife, police officer, colonel, physician, and so on)?"

[ ]로 표시된 부분은 명사구로 문장의 주어이다. 이 명사구의 핵심 요소는 question으로 단수이므로 이와 수일치를 이루는 술어동사 was가 쓰인 것은 적절하다.

구문

▶ 1행 : A fascinating characteristic of roles is [that we tend to become the roles we play].

[ ]로 표시된 that절은 is의 주격 보어 역할을 하는 명사절이다.

단어와 숙어

fascinating 대단히 흥미로운	characteristic 특징
role 역할	incorporate 통합하다
self-concept 자아 개념	firsthand 직접
nun 수녀	sociologist 사회학자
heighten 고조하다	awareness 인식
medicine 의사직	vocation 직업
intertwined 뒤얽힌	extensive 광범위한
identity 정체성	struggle with ~을 고심하다
colonel 대령	

2

정답 ③

소재 이성에 대한 추정

해석 이성이 뚜렷한 인간의 특성인지 아닌지, 그리고 그것이 인간 종에 국한된 것인지 아닌지에 관계없이, 그것은 분명히 인간에게 있는 중요한 종 생존 특성임이 입증되었다. 그것 없이는, 우리는 생존을 위한 투쟁에 있어서 심하게 불리할 것이다. 따라서 우리가 어떻게 이성을 본질적인 인간의 특성, 즉 인간으로서의 인간과 관련이 있는 것으로 인식하게 되었는지를 알기는 쉽다. 이것은 종의 모든 구성원이 똑같이 합리적이거나 항상 똑같이 합리적이라는 것을 의미하지는 않는다. 그것이 의미하는 것은 바로 우리가 인간 종의 모든 구성원이 이성을 가지고 있다고 추정한다는 것이다. 다시 말해서, 그들은 모두 문제를 해결하기 위해 훈련을 통해 지성을 함양하고 발전시킬 수 있는 역량을 갖추고 있다. 우리는 어떠한 인간의 범주라도 배제하기 위해 이 추정을 제한하지 않는다. 이 추정은 한쪽 성에 국한되지 않는다. 그것은 연령, 인종 또는 민족성에 의해 제한되지 않는다. 그것은 인간으로서의 모든 인간에게 적용된다.

해설

(A) Without it, **we would be** severely [handicapped / handicapping] in the struggle for survival.

주어인 we는 불리하게 만드는 동작(handicap)의 대상이므로 동사는 수동태로 표현되어야 한다. 따라서 handicapped가 적절하다.

(B) What it does mean is that we **presume** [that / what] all members of the human species have reason].

[ ]로 표시된 부분은 presume의 목적어 역할을 하는 명사절이다. 비어있는 필수 요소가 없으므로 접속사

that이 적절하다.

(C) We do not **restrict this presumption** [exclude / to exclude] any category of humans].

[ ]로 표시된 부분은 동사구인 restrict this presumption을 수식하며 목적의 의미를 나타내야 한다. to부정사구가 이러한 역할을 수행할 수 있으므로 to exclude가 적절하다.

구문

▶ 4행 : **It** is therefore easy [to see {how we come to recognize reason as an essentially human trait, one that pertains to humans as humans}].

It이 형식상 주어이고 [ ]로 표시된 to부정사구가 내용상 주어이다. { }로 표시된 의문절은 see의 목적어 역할을 한다.

▶ 8행 : In other words, they all have the capacity [to cultivate and develop their intelligence through discipline so as to solve problems].

[ ]로 표시된 to부정사구는 명사구인 the capacity를 수식한다.

단어와 숙어

distinctively 뚜렷하게	confined 국한된
trait 특성	handicap 불리하게 만들다
struggle 투쟁	recognize 인식하다
pertain to ~와 관계가 있다	reasonable 합리적인
presume 추정하다	capacity 역량, 능력
cultivate 함양하다	intelligence 지성
discipline 훈련	restrict 제한하다
exclude 배제하다	category 범주
gender specific 한쪽 성에 국한된	
ethnicity 민족성	apply to ~에 적용되다

3

정답 ④

소재 기회의 확인

해석 상상을 만들어 내는 것은 가능성에 관한 것인 반면에, 기회를 확인하는 것은 확률에 관한 것이다. 즉, 우리는 앞으로의 전망을 정확하고 완벽하게 조사해야 한다. 이 퍼즐 조각은 우리의 꿈에 현실주의를 더한다. 우리는 우리가 무슨 가치를 제공하고 누가 그것으로부터 혜택을 입을 것인지를 확인해야 할 뿐만 아니라, 우리를 방해할 수 있는 것들을 확인하려고 노력하기 위해 앞을 보기도 해야 한다. 이것에는 움푹 패인 곳, 물에 씻겨 나간 다리, 그리고 우리가 가는 길에 있는 장애물이나 장벽이 포함된다. 이 조사의 결과는 우리가 우리에게 어떤 일이 일어날 수 있는지에 대한 생각을 가지고 여정을 시작하게 해준다. 그것은 우리가 도중에 맞닥뜨릴 수 있는 어떠한 장애물이라도 극복하기 위해, 우리가 어떤 조치를 취할 필요가 있는지를 확인

하는 데 도움을 줄 수 있다. 이 조치는 우리가 성공의 가능성에 대해 좀 더 현실적이 되는 데 도움을 줄 것이다.

해설

④ It can help us identify [what steps **we** might need to **be taken** in order to overcome ~].

[ ]로 표시된 의문절 안에서 주어 we는 취하는 동작 (take)의 행위자이므로 능동태로 표현되어야 한다. 따라서 be taken이 아니라 take가 되어야 한다.

① ~, whereas [**identifying** opportunities] is about the probabilities.

[ ]로 표시된 부분이 whereas절에서 주어가 되어야 한다. 동명사구가 그 역할을 수행할 수 있으므로 동명사 identifying은 적절하다.

② ~, but we must also **look ahead** [**to try** to identify those things that could get in our way].

[ ]로 표시된 부분은 동사구인 look ahead를 수식하고 목적의 의미를 나타내야 한다. to부정사구가 그 역할을 수행할 수 있으므로 to try는 적절하다.

③ The result of this survey allows us to set out on our journey with an idea **about** [**what** is probable for us].

[ ]로 표시된 부분은 전치사 about의 목적어 역할을 하는 명사절이므로, 이 절을 이끄는 요소로 what은 적절하다.

⑤ This step will help us to **be** more **realistic** about our chances for success.

be동사의 보어가 되어야 하므로 형용사 realistic은 적절하다.

구문

▶ 2행 : That is, we must have [an accurate and complete survey of the landscape ahead].

[ ]로 표시된 명사구의 핵심 요소는 survey이다. 이 핵심 요소는 형용사구인 accurate and complete와 전치사구인 of the landscape ahead의 수식을 받아 확장된다.

단어와 숙어

identify 확인하다
accurate 정확한
landscape 전망, 풍경
washed-out 물에 씻겨 나간
barrier 장벽
probable 충분히 가능성이 있는

probability 확률
survey 조사
get in one's way ~을 방해하다
hurdle 장애물
set out on ~에 착수하다
step 조치, 단계

overcome 극복하다　　　　obstacle 장애물
encounter (특히 반갑지 않은 일에) 맞닥뜨리다

4

정답 ②

소재 시각화

해석 저자이자 'New York Times'의 칼럼니스트인 David Brooks가 'The Social Animal'에서 언급했던 것처럼, "어린이들이 첫 번째 수업에 가져온 정체성은 이후에 일어날 모든 개선을 촉발할 불꽃이었다. 그것은 미래의 자아에 대한 상상이었다." 그 최종 결과에 헌신하였던 음악가로서의 자신을 시각화할 수 있었던 어린이들은 지지하는 목표를 가지고 있었고, 그들은 그 목표를 달성하는 데 전념하였다. 그들은 야망이 있었고 성공을 위해 의욕이 넘쳤는데, 최종 목표를 마음속에 그릴 수 있었기 때문에 그들은 거기에 도달하는 데 필요한 일을 기꺼이 했고, 하룻밤 사이에 거장이 되지 않았을 때에도 조급해하지 않았다. 인내와 결단력은 불가분하게 연결되어 있다. 여러분이 그 일을 기꺼이 한다면, 여러분은 결과를 거둘 것이다. 그러지 않았던 사람들은 아마도 단지 처음에 그렇게 노력을 쏟지 않았을 뿐이고, 그래서 인내할 이유가 없었다.

해설

(A) ~, "[The **sense** of identity that children brought to the first lesson] $\boxed{\text{was} / \text{were}}$ the spark that would set off ~.

[ ]로 표시된 명사구가 문장의 주어이다. 이 명사구의 핵심 요소가 sense로 단수이므로 단수로 동사와 수를 일치시켜야 한다. 따라서 was가 적절하다.

(B) **The kids** [who were able to **visualize** $\boxed{\text{them} / \text{themselves}}$ as musicians]—who were committed to that end result—had a goal to work for, ~.

[ ]로 표시된 관계절이 선행사인 The kids를 수식하는데, 이 관계절의 주어는 The kids이다. visualize의 대상과 행위자가 같기 때문에, 목적어는 재귀대명사로 표현해야 한다. 따라서 themselves가 적절하다.

(C) ~ because they could picture the end goal they were willing to do **the work** [it $\boxed{\text{taking} / \text{took}}$ to get there] and ~.

[ ]로 표시된 부분은 목적어가 비어있고, 관계사가 표시되지 않은 관계절이다. 따라서 관계절에 시제와 태 정보가 담겨 있는 동사가 필요하므로 took이 적절하다.

구문

▶ 10행 : Those [who didn't] perhaps simply weren't that

invested in the first place, ~.

[ ]로 표시된 관계절이 선행사인 Those를 수식하여 명사구를 확장하고 있다.

단어와 숙어

put it 언급하다	identity 정체성
set off 촉발하다	improvement 개선
subsequently 이후에	vision 상상
visualize 시각화하다	committed 헌신하는, 열정적인
end result 최종 결과	dedicate 바치다
achieve 달성하다	driven 의욕이 넘치는
picture 마음속에 그리다	impatient 조급한
patience 인내심	determination 결단력
inextricably 불가분하게	invest (시간·노력 등을) 쏟다

Day 24 실전 테스트 III

본문 82~83쪽

1 ③　　2 ②　　3 ③　　4 ④

1

정답 ③

소재 대인 관계의 의사소통에 필요한 요소

해석 타이밍, 속도, 리듬은 대인 관계의 의사소통에서 매우 중요하다. 두 사람 사이에 타이밍과 리듬이 맞지 않으면 그들이 좋은 관계를 발전시키기 어렵다. 이에 대한 가장 간단한 예를 들자면, 대화를 적정하게 전개하기 위해서는 참여한 사람들이 모두 함께보다는 차례로 말해야 한다. 모든 사람이 한꺼번에 말하는 상황을 생각해보자. 의사소통이 이미 사라져버리지 않았다 해도 곧 그렇게 될 것이다. 그러므로 어떤 결과를 내기를 희망한다면 상호 작용의 속도와 타이밍 조절에 관련된 기술을 배우는 것이 중요하다. 예를 들어, 여러분의 자연스러운 속도가 여러분이 상호 작용을 하고 있고 그 상호 작용이 특정 방향으로 진행하기를 바라는 사람보다 더 빠르다면 여러분은 자신의 속도를 늦추고 상대방의 멈춤과 말하기 방법을 알 필요가 있을 것이다.

해설

③ Think of **situations** [**which** {everyone is talking at once}].

[ ]로 표시된 부분은 situations를 수식하는 관계절이다. 그 안에 { }로 표시된 부분은 필수 요소가 모두 갖추어진 완전한 절이다. 따라서 관계사는 부사어구 역할을 하는 요소가 되어야 하므로 which가 아니라 그 앞에 in이 수반된 in which가 되어야 한다.

① ~, then **it** is difficult [for them **to develop** a good relationship].

it은 형식상 주어이고 [ ]로 표시된 부분은 내용상 주어이다. 그 안의 for them은 to부정사구의 의미상 주어를 나타낸다. to부정사구의 핵심 요소의 형태 to develop은 적절하다.

② ~, for a conversation to develop reasonably, then [**those** {involved}] have to speak in turn rather than all together.

[ ]로 표시된 부분은 절의 주어 역할을 하는 명사구이다. { }로 표시된 분사구의 수식을 받는 those는 불특정한 사람들을 대신하는 대용 요소로서 적절하다.

④ ~, then it is important to learn **the skills** [**involved** in controlling the pace and timing of an interaction].

[ ]로 표시된 부분은 the skills를 수식하는 분사구이다. 수식을 받는 명사구 the skills가 involve의 행위자가 아니라 동작의 영향이 미치는 대상이므로 분사의 형태 involved는 적절하다.

⑤ ~, then [**you** will need to slow **yourself** down] and to be aware of the other person's manner of pausing and speaking.

[ ]로 표시된 절 안에서 동사 slow down의 주어와 목적어가 가리키는 대상이 같다. 따라서 재귀대명사 형태의 목적어 yourself는 적절하다.

구문

▶ 5행 : If communication has not already disappeared, [it soon will (disappear)].

it이 대신하는 것은 If절의 communication이고, [ ]로 표시된 절 안의 조동사 will 다음에 ( )로 표시된 요소가 생략되었다.

단어와 숙어

conversation 대화	reasonably 적정하게, 상당히
involve 참여시키다	disappear 사라지다
interaction 상호 작용	be aware of ~을 알다
pause 잠시 멈추다	

2

정답 ②

소재 대도시의 특징

해석 크고 세계적인 도시들은 소도시나 시골 지역에 비해 더 무례한 사람들과 더 무심코 하는 모욕과 폭력으로 특징지어진다. 그 누구든 자기 집이 있는 교외나 마을에서 다른 운전자들에게 주먹을 휘두르고, 경적을 울리고, 자신들의 조바심을 대부분의 사람들에게 분명히 보여주는 등, 맨해튼이나 파리 중심부에서 그렇게 하는 것처럼 운전하는 것을 꿈도 꾸지 못할 것이다. 이것이 왜 그런지 역시 널리 인정되고 있다. 대도시는 익명의 장소이다. 뉴욕이나 파리 또는 런던에서는 사람들이 원하는 만큼 모르는 사람들에게 무례하게 굴고도 같은 사람들을 다시 만날 위험은 지극히 미약할 따름이다. 자신의 집이 있는 교외나 마을에서 사람들을 억제시키는 것은 호혜주의에 대한 예리한 인식이다. 여러분이 누군가에게 무례하게 굴면 그 사람이 반작용으로 여러분에게 무례하게 굴 위치에 있게 될 가능성이 크다. 여러분이 사람들에게 친절하게 대하면 여러분의 배려가 보답을 받게 될 가능성이 크다.

해설

(A) Nobody would dream of **driving** in their home suburb or village [as they │ are / **do** │ in Manhattan or central Paris—~].

앞 절에 언급된 동명사 driving의 동사구 부분 drive가 [ ]로 표시된 as절에 다시 나타날 때, 그 반복되는 동사구는 조동사 바로 뒤에서 생략될 수 있다. 따라서 앞 절 동사구의 핵심 요소인 동사 drive가 일반 동사이므로 되풀이되는 절의 조동사는 do가 적절하다.

(B) You can **be** [as │ **rude** / rudely │ as you like] to strangers in ~.

[ ]로 표시된 부분은 be의 주격 보어 역할을 하는 형용사구이다. 따라서 형용사구의 핵심 요소는 형용사인 rude가 적절하다.

(C) ~, there is a good chance [{**your consideration**} will │ return / **be returned** │].

[ ]로 표시된 부분은 a good chance와 동격 관계에 있는, that이 표현되지 않은 절이다. [ ] 안에 { }로 표시된 주어는 return의 행위자가 아니라 그 동작의 영향이 미치는 대상이다. 따라서 수동태 형태인 be returned가 적절하다.

구문

▶ 7행 : [What restrains you in your home suburb or village] is the acute awareness of reciprocity.

[ ]로 표시된 부분은 문장의 주어로서 선행사를 포함한 관계사 What이 이끌고 있다.

▶ 8행 : If you are rude to somebody, there is a good chance [they will be in a position {to be rude to you in return}].

[ ]로 표시된 부분은 a good chance와 동격 관계에 있는, that이 표현되지 않은 절이다. 그 안의 { }는 a position을 수식하는 to부정사구이다.

단어와 숙어

cosmopolitan 세계적인
rural 시골의
fist 주먹
horn 경적
acknowledge 인정하다
run a risk of ~의 위험이 있다
consideration 배려

characterize 특징짓다
suburb 교외
hoot 울리다
impatience 성급함, 조급함
anonymous 익명의
restrain 억제하다

3
정답 ③

소재 새끼 고양이의 훈련

해석 재산과 사람을 보호하기 위해 호기심이 많은 어린 새끼 고양이의 훈련이 필요할 것이다. 모진 신체 훈련은 어린 동물에게 필요하지 않고 새끼 고양이가 사람을 두려워하도록 만드는 결과를 초래할 수도 있다. 소음은 새끼 고양이들에게 효과적인 억제책이고 행동을 억제할 만큼 충분히 겁을 줄 수 있다. 이것은 손뼥치기나, 셰이커나 압축 공기로 작동하는 경적으로 완수될 수 있다. 어린 새끼 고양이에게 쉿 소리를 내는 것조차도 겁을 주는 것이 될 수 있다. 또 다른 억제책은 이른바 '원격 처벌'의 사용이다. 원격 처벌은 벌을 주는 사람과는 상관이 없는 것으로 보이는, 행동을 멈출 무언가를 사용하는 것으로 이루어진다. 예를 들면 스프레이 병, 소리를 내는 물건, 다른 시끄러운 소리 등이다. 원격 처벌은 벌과 벌을 주는 사람 간의 연관성을 제거하여 그것을 그 시점에서 행해지고 있는 행위에 두는 역할을 한다. 바라건대, 이것은 주인이 없는 다른 시기에도 이어질 것이고 고양이는 바람직하지 않은 행동을 스스로 억제할 것이다.

해설

③ Even [hissing at a young kitten] can be **intimidated**.

[ ]로 표시된 부분은 문장의 주어 역할을 하는 동명사구이다. 이 주어는 intimidate라는 동작의 영향이 미치는 대상이 아니라 그 동작의 행위자이다. 따라서 이를 설명하는 주격 보어로서의 분사구 형태는 intimidated가 아니라 intimidating이 되어야 한다.

① Harsh physical discipline is not necessary in young animals and can have the result of **making** the kitten [**afraid** of people].

이 문맥의 동명사 making은 목적어와 목적격 보어를 필요로 한다. [ ]로 표시된 부분은 목적격 보어 역할을 하는 형용사구이다. 따라서 핵심 요소로서 형용사 afraid는 적절하다.

② Noise is an effective deterrent to kittens and can intimidate them **enough** [**to inhibit** behavior].

[　]로 표시된 부분은 충분한 정도에 대한 기준을 나타내는 to부정사구이다. 따라서 핵심 요소의 형태 to inhibit 은 적절하다.

④ Remote punishment consists of using something to stop **the behavior** [**that** appears unconnected to the punisher].

[　]로 표시된 부분은 선행사 the behavior를 수식하는 관계절이다. 관계절 안에서 주어 역할을 하는 관계사 that은 적절하다.

⑤ Remote punishment serves **to** [**remove** the association of the punishment from the person doing it] and [**place** it on the action being performed at the time].

[　]로 표시된 두 개의 동사구는 and로 대등하게 연결되어 to에 이어진다. 따라서 동사의 기본형 place는 적절하다.

구문

▶ 10행 : Hopefully, [this will carry over to other times {when the owner is not present}] and [the cat will inhibit the undesirable behavior on its own].

[　]로 표시된 두 개의 절이 and로 연결되어 있다. 첫 번째 [　] 안의 {　}는 other times를 수식하는 관계절이다.

단어와 숙어

discipline 훈련	inquisitive 호기심이 많은
property 재산	harsh 모진
deterrent 억제책	intimidate 겁을 주다
inhibit 억제하다	accomplish 완수하다
hand clapping 손뼉치기	shaker 셰이커
air horn 압축 공기로 작동하는 경적	
hiss 쉿 소리를 내다	remote 원격의
unconnected 상관없는	remove 제거하다
association 연관성	undesirable 바람직하지 않은

4
정답 ④

소재 신흥 시장

해석 대체로 가장 큰 시장잠재력은 가장 많은 수의 사람들이 사는 곳에 존재한다. 이것이 바로 오늘날 많은 제조업체들이 자신들의 신흥 시장이라고 생각하는 것을 찾기 위해 인도, 중국, 러시아와 같은 국가의 대 인구 밀집 지역을 고려하고 있는 이유이다. '신흥 시장'이라는 용어는 세계 경제 안에서 최근에 외국 무역에 공개된 곳, 그리고 인구가 재화와 용역을 살 수 있는 자본을 막 축적하기 시작한

곳을 가리킨다. 예를 들어, 중국에서는 세계화로 인해 산업화의 거대한 증가를 보게 되었는데, 이러한 산업은 사람들을 위해 그들이 소비재를 구입할 수 있게 해주는 일자리를 만들어 낸다. 중국의 대 인구 기반은 커다란 노동력과 확장하는 소비자 시장 둘 다의 역할을 한다. 중국에 인구 백만을 초과하는 도시가 40개도 넘게 있기 때문에 초국적 회사들은 거기에서의 저비용 생산과 소비 확장의 기회가 매력적이라고 생각한다.

해설

(A) The term *emerging markets* refers to [**places** {within the global economy}] [that has / **have** recently been opened to foreign trade and ~].

첫 번째 [　]는 명사구로서, 핵심 요소인 places를 {　}로 표시된 전치사구가 수식한다. 두 번째 [　]는 첫 번째 [　]를 선행사로 취하는 관계절이다. 선행사인 명사구의 핵심 요소가 복수 형태의 명사이므로 이와 호응하는 관계절의 동사도 복수로 수일치를 해야 한다. 따라서 have가 적절하다.

(B) ~, and these industries create **jobs** for people [**that** allow **them** / themselves to purchase consumer goods].

[　]로 표시된 부분은 jobs를 수식하는 관계절이다. 관계절 안에서 주어 역할을 하는 that은 jobs와 같은 대상이지만 목적어 역할의 대용은 people을 대신한다. 따라서 동사 allow를 중심으로, 주어와 목적어가 같은 대상이 아니므로 them이 적절하다.

(C) ~, transnational companies **find** [the opportunities for low-cost production and expanding consumption there] **appealing** / to appeal .

이 문맥의 동사 find는 목적어와 목적격 보어를 필요로 한다. [　]로 표시된 부분이 목적어인데, 이 목적어의 특성에 대해 설명하는 목적격 보어는 분사 형태 appealing이 적절하다.

구문

▶ 1행 : As a rule, the greatest market potential exists [where the largest numbers of people live].

[　]로 표시된 부분은 선행사를 포함한 관계사 where가 이끄는 관계절로서 장소를 나타낸다.

▶ 2행 : This is [why many manufacturing firms today are looking to the large population centers in such countries as India, China, and Russia {for what they consider their emerging markets}].

[ ]로 표시된 부분은 is의 주격 보어 역할을 하는 관계절이다. 선행사가 포함된 관계사 why가 관계절을 이끌고 있다. 그 안의 { }에서 what 역시 선행사가 포함된 관계사이다.

단어와 숙어

market potential 시장잠재력
emerging market 신흥 시장
accumulate 축적하다
industrialization 산업화
consumer goods 소비재
transnational 초국적의

manufacturing firm 제조업체
refer to ~을 가리키다
capital 자본
purchase 구입하다
exceed 초과하다
expand 확장하다

memo

단숨에 마무리!

OFF

단기 특강 영어독해 어법편

정답과 해설

수학 공부의 핵심은
암기도, 양치기도 아닌
개|념|이|해

수학의 왕도

한눈에 쏙 들어오는 시각화 요소로
누구나 개념을 쉽게 이해하는
EBS 수학 기본서

공통수학1   공통수학2

고등 수학은
EBS 수학의 왕도로
한 번에 완성!

▷고2~고3 교재는 2025년 4월 발행 예정

✓ **2022 개정 교육과정 적용, 새 수능 대비** 기본서

✓ **개념 이해가 쉬운 시각화 장치로 친절한** 개념서

✓ **기초 문제부터 실력 문제까지 모두 포함**된 종합서